JN425162

별을 업은 男子

신형호 수필집

책머리에

별을 업은 男子

지난여름은 어둡고 긴 터널이었다.
생각지도 않게 다가온 마음의 공백은 내내 우울함에 젖게 했다.

푸른 가을날, 설익은 밤송이를 털었다.
살며 생각하며 보듬은 내 그리움의 맑은 별들.
책으로 엮으려고 다시 찬찬히 읽어보니 부끄러워 낯이 화끈거린다.
문장의 구성은 물론 생각의 깊이가 너무 얕아 고민도 많이 했다. 그만둘까 한참 망설이다가 그냥 내기로 했다. 오늘까지 살아온 내 진솔한 삶의 빛과 그늘이니 숨긴다고 무슨 소용이랴.

글쓰기의 작은 꿈이 없었다면 이 쓸쓸하고 메마른 강을 어떻게 헤쳐 왔을까.
날마다 내게 기쁨과 사랑을 느끼게 하는 들꽃들과 신천의 강물.

별을 업은 男子

별을 업은 男子

신형호 수필집

책머리에

별을 업은 男子

지난여름은 어둡고 긴 터널이었다.
생각지도 않게 다가온 마음의 공백은 내내 우울함에 젖게 했다.

푸른 가을날, 설익은 밤송이를 털었다.
살며 생각하며 보듬은 내 그리움의 맑은 별들.
책으로 엮으려고 다시 찬찬히 읽어보니 부끄러워 낯이 화끈거린다.
문장의 구성은 물론 생각의 깊이가 너무 얕아 고민도 많이 했다. 그만둘까 한참 망설이다가 그냥 내기로 했다. 오늘까지 살아온 내 진솔한 삶의 빛과 그늘이니 숨긴다고 무슨 소용이랴.

글쓰기의 작은 꿈이 없었다면 이 쓸쓸하고 메마른 강을 어떻게 헤쳐 왔을까.
날마다 내게 기쁨과 사랑을 느끼게 하는 들꽃들과 신천의 강물.

자연의 섭리와 그 안에 숨은 사소한 것들에 대한 애정과 고마움을 읽는 분들과 함께 하고 싶다.

감동과 재미를 주는 수필이 좋은 글이라고 한다.

여물지 않은 열매이지만 둘 중 하나의 언저리에 갈 수 있으면 하는 바람이다.

사람은 언제나 새로움으로 무장하고 자기 성장에 책임을 져야한다고 한다. 이전의 글보다 다음에 발표되는 작품들은 더욱 따뜻하고 사랑이 넘치기를 소망한다.

2011년 담쟁이 붉게 물드는 계절에

신 형 호

차례

교단 일기

3부

어떤 만남

4부

눈물

5부

별을업은男子

제 1부
숲길에 빠지다

별을 업은 男子 / 숲길에 빠지다 / 안개꽃 / 쐐기 / 처음처럼 / 섣달 들어서다 / 가지치기 / 아들 / 축제 / 눈이 내리네 / 봄비에 빠지다

나무를 통해 내 삶을 돌아본다
인간 세상도 이와 다르지 않으리라
묵묵히 내실을 다지며 살아가는 사람도 있고
헛된 욕심으로 발버둥 치다가 허망하게 사라지는 경우도 생긴다
외모만 중시하는 허상을 버리고
내면의 진실을 가꾸는 사람이 진정 그리운 것은 나만의 생각일까

별을 업은 男子

세상은 온통 연둣빛이다. 햇살 머금은 은행잎들이 산들바람 한 줄기에 온몸을 뒤집는다. 화려하게 세상을 흔들던 벚꽃도 시나브로 제풀에 사라지고, 꽃이 진 자리마다 떨림으로 핀 새잎이 지천이다. 타성에 젖어 노곤해진 내 삶도 물오르는 수목마냥 활기를 찾는다. *가창 허브힐즈엔 봄이 목까지 차오른다.

조금 전 펼쳐진 야외무대의 춤 공연에는 젊음의 함성으로 산이 움찔거렸다. 말쑥한 정장차림의 사회자 입담에 소풍 온 아이들 얼굴에는 연방 웃음꽃이 핀다. 양손을 쳐들고 파도치듯 흔들기도 하고, 박자에 맞춰 손뼉을 치고, 소리 지르는 즐거움에 푹 빠져 있다. 뒤편 언덕 위 돌의자에 앉은 나도 젊은 *비보이의 춤에 환호를 보낸다.

언제부터였을까. 내 옆자리에 슬며시 다가선 남자가 있었다. 훤칠한 키에 삼십 대 초반쯤 되었을까. 차림새가 눈을 끌었다. 줄무

늬 티셔츠에 때 묻은 청바지가 후줄근하다. 등에는 세 살가량의 계집아이를 업었고, 오른손에는 소풍 가방을, 왼손에는 여섯 살쯤 보이는 사내아이의 손을 꼭 잡고 있었다. 주위를 돌아보아도 다른 사람은 없었다. 순간적으로 스쳐간 눈동자엔 알 수 없는 우수憂愁가 깔린 듯했다.

내 관심의 초점은 이 새로운 이방인에게 모였다. 무대에서 열연하는 *비보이의 춤도, 사회자의 우스개도, 관객들의 반응도 뒤로 한 채, 바닷가에서 옆걸음으로 걷는 게를 관찰하듯, 관심이 없는 척하며 조심스레 지켜보았다. 빨간 모자를 쓴 계집아이의 눈이 별보다 아름다웠다. 무슨 까닭으로 아빠가 아이를 업고 왔을까. 휴일도 아닌 평일에 아이를 업고, 손을 잡고 나들이 나온 아빠. 며칠 동안 면도도 하지 않은 듯 꺼칠해 보이는 턱수염이 도수 높은 안경과 함께 내 가슴에 파고들었다.

얼마 전 친구들과의 모임에서다. 나날이 변해가는 사회에 어떻게 적응하는가가 주된 화제였다. 특히 남자들의 위상에 대한 이야기가 많았다. 갈수록 고개 숙인 남자들의 얘기로 끝이 없었다. 요즘 젊은이들은 이혼할 때 여자가 아이를 맡지 않겠다는 추세가 늘어난다고 한다. 물론 여자가 아이를 책임져야 한다는 법은 없다. 하지만, 부정보다 모정이 강한 것이 생명의 섭리인데……. 새 삶에 걸림이 된다고 아이를 포기한다는 것은 무엇인가 잘못돼가는 게 아닐까.

다시 남자의 손을 보았다. 툭박지다. 손가락 마디가 굵고 힘든 일을 해온 듯 억세고, 손등에는 힘줄이 불끈 솟아 있다. 몸에서 쓰디쓴 씀바귀 냄새가 풍긴다. 아이들의 엄마는 어디에 있는 것일까. 아픈 사연을 안고 헤어졌을까. 불치의 병을 앓아 하늘나라의 별이 된 것일까. 혼자 생각에 꼬리를 단다. 알 수 없는 연민이 치밀어왔다. 일어서서 심호흡을 한번 하고, 건너편 나뭇가지 끝에 새로 피기 시작한 잎을 바라보았다.

공연이 끝나고 점심 먹으러 가는 동안에도 머릿속에는 온통 그 사내 생각이 떠나지 않았다. 등에 업힌 계집아이의 까만 눈이 별처럼 떠올라 괜스레 푸른 하늘을 쳐다보았다. 평일이라 식당 안은 인기 없는 연극 공연장처럼 한산하였다. 깔끔하게 단장된 마루에 앉아 비빔밥으로 요기하고 느긋이 쉬고 있을 때이다. 한 젊은 부부가 아이 둘을 데리고 들어온다. 두 살과 다섯 살 쯤 되어 보이는 아이들이 마루를 뒤뚱뒤뚱 뛰어다니다가 서로 부딪혀 넘어진다. 자지러지게 우는 작은아이를 엄마가 안고 달랜다. 조금 후, 언제 그랬느냐는 듯이 빵긋 웃으며 내게 와서도 재롱을 부린다. 엄마의 손길 아래 이리저리 돌아다니는 모습이 귀엽다.

그때, 계집아이를 업은 한 남자가 들어온다. 공연장 뒤에서 본 그 사람이다. 이곳저곳 구경을 마치고 점심을 먹으러 온 것이리라. 그들도 내 옆에 자리를 잡았다. 조심스레 내려놓은 계집아이는 아이답지 않게 조용히 앉아 말이 없다. 이따금 맞은편 엄마 품에 안긴

아이를 물끄러미 쳐다보기만 할 뿐이다. 주문한 음식이 들어왔을 때 계집아이가 수저통을 열려다 물컵을 엎질렀다. 남자와 아이의 옷에 물이 주르륵 쏟아진다. "엄마!"하고 놀란 아이는 울먹이며 어쩔 줄을 모른다. 당황하며 휴지로 황급히 정리를 하는 그의 눈동자가 촉촉이 젖어 반짝 빛났다.

잠시 후, 천천히 정성 들여 돈가스를 잘게 잘라주는 남자의 손에 사랑이 뚝뚝 묻어난다. 아이들이 맛있게 먹는 모습을 지켜보는 그는 마치 명징한 호수 같다. 자신도 천천히 비빔밥을 비벼 입에 넣는 얼굴이 묵직한 바위 닮아 믿음직하다. 불현듯, 그의 얼굴 뒤로 한 여자의 형상이 환영幻影처럼 피었다가 사라진다.

등에 별을 업고, 사내아이를 앞세워 문을 나서는 그의 머리 위로 무심한 햇살만 푸지게 쏟아진다.

*가창 허브힐즈 : 달성군 가창면에 있는 위락 단지.

*비보이 : [B [←Breakdancing] boy] 신어자료집 [명사] 브레이크댄스를 추는 남자

숲길에 빠지다

토요일 오후 집 근처 산을 찾았다. 서늘한 기운 속에 가을빛이 완연하다. 활처럼 구부러진 숲길을 보면 엄마의 품에 안긴 아기처럼 포근한 느낌이 든다. 산을 오르고 싶은 마음이 몸보다 앞서 걸어간다.

소나무가 인도하는 숲길은 비스듬히 누워 있다. 수목의 숨소리가 가만가만 들리는 듯해, 눈인사하기에 바쁘다. 정겨운 만남이다. 허리에 가볍게 손만 대도 잎이 파르르 떨린다. 지난 주말에도 오른 산이지만 오늘은 새롭게 보인다. 기억 속의 길은 사라지고, 낯선 길을 대하는 듯 신선하다. 인적이 없지만, 오붓한 산길이라 누군가와 함께 가는 기분이다.

드문드문 작은 돌이 박힌 오솔길엔 방금 누가 지나간 듯 따뜻함이 배어 있다. 연분홍 진달래가 산을 흔들던 봄날이 어제 같다. 단정한 교복차림의 중학교 신입생 시절, 모든 것이 새롭고 반짝이는 모래알 같았다. 까까머리에 새 가방 새 책을 준비해 학교 가던 그때가 내 삶의 봄날이었다. 파릇파릇 새순이 돋은 나무에 귀를 대면 물오르는 소리도 맑게 들렸다. 앞산의 진달래가 수십 번 피고 지더니, 어느덧 내 삶의 강물은 하류에서 넘실댄다. 돌아보니 꿈결 같다.

능선이 보이는 떡갈나무 숲에서 잠시 숨을 고른다. 가을 산길은 즐겨 읽는 시집 같아, 쑥부쟁이, 개미취, 꽃향유의 야생화들이 소리 없이 반긴다. 꽃에 취해 잠시 앉아 능선위에 걸린 구름을 본다. 뭉게구름이 커지면서 그리운 사람의 얼굴을 그린다. 고등학교 시절이었다. 신천 둑을 따라 등교하던 나는, 매일 같은 시각 마주친 여학생을 가슴에 담게 되었다. 교복의 흰 옷깃과 박꽃 같은 얼굴이 눈부셨다. 마음만 졸이던 어느 날 용기를 내었다. 자정 너머까지 망설이며 썼다가 고쳐 쓴 쪽지를 등굣길 여학생에게 황급히 전하던 날, 온종일 창밖의 푸른 하늘만 쳐다보았다. 그때만큼 손이 떨리고 얼굴이 화끈한 날이 또 있었을까. 답장은 받지 못하고 가슴앓이만 하던 날이 꽃잎 떨어지듯 흘러갔다. 모르는 척 고개 숙이고 걸어가던 여학생이 그렇게 야속할 수가 없었다.

바람 한 줄기 지나가니 마른 잎이 우수수 떨어진다. 낙엽을 보며 내 삶에서 만남과 헤어짐을 생각했다. 만남과 이별은 시작과 마침의 관계이다. 인연이란 이름으로 만나, 사랑과 미움, 그리움과 애증을 엮어가다가 낙화의 단계를 밟는 것이 평범한 삶일 것이다. 그녀와의 만남은 늦은 봄날 아카시아 꽃비같이 설레던 인연이었지만, 피기도 전에 시들은 애잔한 만남이었다. 삶의 나이테가 늘어갈수록 아련한 그날이 그립기도하다.

두 갈래 난 길에서 생각의 넌출을 내려놓는다. 말라가는 칡덩굴로 이어진 가파른 비탈이 손짓하는 듯하다. 몇 년 전 가을이었다. 늘 함께 가던 동료와 폭포골을 거쳐 공산폭포로 산행을 했다. 그 계곡은 수년 동안 생태보호를 위해 출입이 통제되었다가 얼마 전에 출입이 허용된 곳이었다. 마른 잎과 삭정이들이 덮여 길을 찾기가 어려웠다. 다른 길로 갈까 망설이다가 그냥 가기로 했다. 목덜미와 등이 촉촉하도록 땀을 흘리며 올라갔으나 능선은 나타나지 않았다. 갑자기 등 뒤에서 쿵쿵 소리가 났다. 순간 섬뜩함과 함께 온몸의 털이 뻣뻣해졌다. 동료는 배낭에서 급히 잡풀을 베는 짧은 칼을 뽑아들고, 나는 등산용 지팡이를 쥔 손에 힘을 실었다. 납작 엎드려 동정을 살폈다. 다행히 소리를 내던 물체는 반대 방향으로 사라졌다. 가슴을 쓸어내렸다. 알 수 없는 다른 인연의 만남이 되었을 수도 있는 사건이었다.

삐이익, 산새 한 마리 정적을 깨는 소리에 숲은 순간, 파문이 인다. 앞만 보고 오르던 나는 걸음을 멈추고, 올라온 길을 내려다봤다. 색색의 물감 통을 덮어쓴 것처럼 단풍이 화려하다. 우울하고 답답한 일이 생기면 산을 자주 찾았다. 가파른 오르막을 힘겹게 오르며, 허리 굽은 소나무들과 얘기하다 보면 갈등은 시나브로 사라지곤 했다. 언제부터 이 자리에 뿌리를 내린지는 몰라도, 불평 없이 살아가는 그들에게 참된 인생을 배웠다. 사람보다 자연과의 만남이 거짓이 없다고 믿었기 때문일까. 아무렇게나 놓인 바위 하나에도 자연의 섭리가 숨어있다. 비가 오나 눈이 오나 욕심 없이 사는 숲의 주인들이다. 작은 이익에 따라 기쁘니 슬프니 투덜대는 나는 얼마나 가소로운 존재인가.

숲길의 어둠은 소리 없이 스며든다. 기슭에 머물던 산그늘이 능선까지 올라온다. 건너편 능선 쪽에서 사람들이 내려오는지 수런수런하다. "반갑습니다." "안녕하세요." 처음 본 사람이지만 정겹게 인사를 하고 지나친다. 산길에서는 누구나 평상심이 되는 모양이다. 내가 걸어온 직선의 삶과 곡선의 길은 얼마였을까도 돌아본다. 앞만 보고 허겁지겁 달려온 삶보다, 늦었지만 쉬엄쉬엄 돌아온 길이 더 아름답지 않았을까. 가보지 않은 앞날도 살짝 꽃불처럼 피었다가 사라진다. 미움도, 사랑도, 그리움도 숲에 풀어놓으면 한바탕 꿈처럼 보인다.

하산길은 구수한 소리 한 자락으로 어둠을 밝힌다. '한오백년' 의 중모리 장단으로 내려오는 발걸음에 장끼 한 마리 덤불속에서 푸드덕 날아오른다.

안개꽃

요즈음은 자다가 많이 뒤척인다. 깊이 잠들지 못하는데다, 가습기 돌아가는 소리 때문이다. 선천적으로 코가 약한 나는 찬바람이 부는 철이면 콧속에서 잦은 전쟁이 일어난다. 비염에 괴로워하는 나를 위해 아내는 아담한 가습기를 하나 장만했다. 작은 페트병을 끼워 쓰는 것으로 소리가 많이 난다는 것이 흠이다. 버릴 수도 없고 해서 계속 사용하게 되었다.

자다가 눈을 뜨니 가습기 소리가 더욱 크게 들린다. 뽀얀 물안개가 허공을 타고 천천히 낙하한다. 안개꽃이 눈앞에 펼친다. 온갖 상념의 세계로 빠져든다. 사물이 깨어 있던 낮에는 느낄 수 없던 낯선 세계에 들어온 것 같다. 생각 따라 의식이 공간이동이라도 한 것일까?

방 한쪽 모퉁이에 말린 안개꽃 다발이 어렴풋이 눈에 들어온다. 지난 일들이 물안개처럼 피어오른다. 나 자신이 무엇일까? 지금 어디쯤 와 있으며 어디로 가고 있는가를 곰곰 생각한다. 평범한 가정의 장남으로 태어나서 큰 탈 없이 지천명의 중턱을 넘고 있다. 세찬 비바람은 만나지 않고 삶의 8부 능선을 천천히 오르는 중이다. 돌아본 기억이 비단처럼 펄럭거린다. 손수건을 가슴에 달고 입학한 초등학교 시절이 생각나고, 중학교 입학시험에 떨어진 나를 다독여주던 어머니의 손길이 살아나온다.

어둠 속에서 안개꽃이 계속 피어오른다. 중학교 1학년 때였다. 집에 가려고 신장을 여니 내 운동화가 없었다. 며칠 동안 어머니를 졸라 산 흰색 농구화였다. 친구와 다른 교실의 신장을 한 시간가량 뒤졌지만 찾을 수가 없었다. 맨발로 터벅터벅 신천 아래로 걸어가야만 했다. 자갈바닥에 앉아서 한참 동안 강물에 돌만 던졌던 기억이 떠오른다.

며칠 전 멀쩡한 새 운동화 두 짝이 아파트 쓰레기통에 있는 것을 보았다. 깨끗하고 헤진 곳도 없다. 발에 맞지 않아서일까? 색상이 마음에 들지 않아서일까? 버린 이유를 알 길이 없다. 한두 자녀만 키우는 요즘 부모의 마음을 이해 못 하는 것은 아니다. 절약의 정신이 사라져가는 세태가 안타깝다. 그 당시 얼마나 탐이 났으면 내 운동화를 가져갔을까 생각하니, 어려웠던 그 시절이 도리어 그립기도 하다.

뿌연 물안개가 여전히 춤을 춘다. 문득 책장 속의 도자기 화병에 눈길이 머문다. 사반세기 전 고미술품 수집가이신 T 선생님이 남기신 선물이다. 애호박만 한 작은 화병으로 입은 좁고 배는 통통한 게 앙증스럽다. 장미나 카네이션 한 송이 꽂아 두기도 했다. 내력은 알 수 없으나 파초 잎 그림 두 장 속에 세월이 숨어 있는 것 같다. 지금은 고인이 되신 선생님의 음성이 잔잔히 들리기도 하고, 바바리코트 날리며 동산동 화랑 골목을 걸어가던 뒷모습도 생생하다.

자그마한 화병 하나에도 역사가 숨 쉬는 모양이다. 장인의 혼과 열정으로 빚은 화병이 내게 말을 건넨다. 사물의 존재가치와 인간의 삶은 불가분의 관계에 있다고 말하는 듯하다. 모든 것은 그 자리에 놓인 자체로 본성의 가치를 지니리라. 짧은 삶에서 우리는 무엇을 그토록 갈망하고 살아가는가. 나도 모르게 길을 벗어나 헤매는 것은 아닌지 꾸짖는 듯하다.

천천히 일어나서 거실로 나간다. 반짝 전등을 켜는 순간 사물은 다시 제자리에 숨죽이고 고요하다. 어둠이 지배하는 밤은 사물들이 생명을 가진 시간이지만, 빛을 받는 순간 무생물의 신분으로 돌아간다. 베란다 창을 여니 별들만 총총하다. 그들은 한 치의 오차도 없이 제 길을 가고 있지만 우리는 어디로 가고 있는지 묻는다.

다시 방에 들어와 잠을 청한다. 가습기 소리와 물안개가 방안을 점령한다. 눈을 감아도 정신은 또렷하다. 뒤척이는 의식 속으로 안개꽃만 자욱이 핀다.

쐐기

"'사랑하는 것도 죄가 되나' 라니? 이게 말이 되나!"

목소리가 거의 울음에 가까웠다. 할머니는 아직도 분을 참지 못한 듯 연신 고개를 흔든다. 십여 년을 감쪽같이 속이고 살아온 사람을 생각하며 옆의 할머니에게 동의를 구하는 듯하다. 얼마 전에 숨겨놓은 여인의 실체를 밝힌 할아버지에게 앞으로 어떻게 할 거냐 다그치니 돌아온 대답이었다.

앞산 계곡을 따라 약수터로 가는 길이었다. 약수터 못 미쳐 벤치에 할머니 몇 분이 앉아 봄기운을 즐기고 있었다. 운동기구가 있는 옆 벤치에 슬며시 앉았다. 쉬는 중에 울음소리로 들리는 이야기라 자연스레 관심을 갖게 되었다. 연신 혀를 차는 옆 할머니들처럼 나도 어느덧 그 사연에 빠져들었다.

"그 여자가 그렇게 가까운 곳에 살고 있는 줄을 몰랐어. 남편이 밤마다 집을 나가서 자정 가까이 되어서야 돌아오더니만."

언제부터인지 이상하다는 느낌은 들었지만 실체를 찾을 수 없었다고 한다.

할머니가 지천명의 중턱을 넘었을 때이다. 남편은 친구와 매일 저녁 나들이 나갔다. 사교춤을 배우기 시작한 것이다.

"특별한 취미가 없는 양반이라 처음엔 아무렇지 않게 생각했지. 신문이나 방송에서 춤바람 난 이야기도 보았지만 내 남편은 절대로 그렇지 않다고 여겼어."

지인의 중매로 만나 큰 소리 한번 내지 않고 남편의 뒷바라지에만 마음을 쏟았다. 남편의 한 마디가 집에서는 법이었다. 그만큼 믿고 의지하며 살아왔다. 친구와 밤 외출이 잦은 때부터 그의 옷에서 알 수 없는 여인의 냄새를 맡을 수 있었다.

"자식 없는 것도 죄가 되나? 그게 어디 내 탓으로만 돌릴 수 있나."

하소연 할 길 없는 가슴앓이에 할머니의 몸과 마음은 걷잡을 수 없이 약해졌다. 좋다는 비방은 안 해 본 것이 없었다. 인간의 힘으로는 어쩔 수 없는 일이었다. 허전함과 답답함은 누구에게도 털어놓지 못했다. 그때 찾아온 남편의 바람은 견딜 수가 없었다.

"대답해 봐요. 어디 갔다 왔는지? 딴 여자가 있지요?"

애타게 묻는 할머니의 말에 남편은 묵묵부답이었다. 며칠간 뒤를 밟아 보기도 했다. 허나 만나는 여인을 찾을 수가 없었다. 눈치를 챈 그는 아무 일 없다는 듯이 산책만 하고 돌아올 뿐이다.

"그래, 정말 찾기 어렵던가요?"

안타까운 듯 고개를 앞으로 쑥 내민 한 할머니 물음이다.

"내가 얼마나 돌아다녔는지 몰라. 분명히 먼 곳은 아니고 근처 동네에 사는 것은 분명한데 아무리 애를 써도 알 수가 없었지."

할머니의 눈에 이슬이 맺히는 듯했다.

"우울증이 온 지도 다섯 해가 넘었네. 그 일을 생각하면 잠을 잘 수가 있어야지."

밤마다 나갔다 오는 남편에게 사정도 해 보고 고함도 쳐 보았지만 남편의 마음은 잡을 수가 없었다.

"그런 장소에 사는 줄 내가 어떻게 알 수 있었을까?"

얼마 전에도 그 곳을 지나치며 동네 사람들에게 수소문했다. 누구도 그 부근에 셋방이 있다는 것을 몰랐다.

"창고로 쓰는 곳으로 알고 있었는데……"

바로 옆집에 사는 아주머니에게 물어도 알지 못하던 곳이다.

두어 평이나 될까? 골목 모퉁이에 있는 방이었다. 남편을 앞세워 문을 열고 들어간 방은 사람이 산다고 생각되지 않았다. 간이옷장 하나, 이불 그리고 단출한 옷가지가 전부였다. 하지만 그 여인을 본 순간 솟구치는 분노를 억제하느라 거친 숨을 몰아쉬었다. 얼마 전에 우연히 알게 되어 언니 동생하며 지내던 여인이 아닌가.

"당신이 어떻게 나를 속이고, 숨어서 내 남편과 만나고 있어. 어떻게?"

울부짖는 할머니의 목소리는 허공에서 맴을 돈다. 저 여자도 무슨 팔자로 내 남편을 만나 이렇게 살고 있는지 운명이란 말로 돌리기엔 너무 어처구니없다. 고개를 숙인 채 말이 없는 그녀를 탓하는 자신의 처지가 허망했다. 북받쳐 오르는 서러움을 이기지 못해 눈물을 글썽였다.

이야기를 듣던 할머니들이 멍하니 하늘만 본다.

능선만 바라보던 내게 문득, '부부간의 진정한 사랑은 무엇일까?' 하는 의문이 들었다. 저 할머니 부부도 바라보기만 해도 정다운 시절이 있었으리라. 언제부터 사랑의 둑에 틈이 생겼을까? 없는 자식 때문일까? 나이가 들수록 의지할 상대가 필요한 것이 세상의 이치 일 텐데……. 할머니를 통해 나를 돌아보았다. 나는 지금 얼마나 아내를 사랑하고 있을까? 타성에 젖어 건성으로 살아온 것이 아닐까? 귀가하면 다정한 말이라도 해 주어야겠다.

"단단히 다짐을 받으려고 했지. 다신 만나지 말라고 몇 번이나 부탁을 해 봤어. 근데 남편은 아무 말이 없는 거야."

막상 그 여자를 찾아내고도 얻은 것은 없었다. 할머니의 가슴에 박힌 단단한 쐐기 이외에는.

처음처럼

베란다 화초 속에 귀뚜라미 한 마리가 산다. 며칠 전부터 밤낮없이 목청이 높아졌다. 여전히 30도를 넘나드는 늦더위가 이어지고 있다. '처서가 지나면 모기 입이 비뚤어진다' 는 속담이 있건만, 서늘한 바람은 게으름을 피우는지 제자리를 찾지 못한다. 더위가 오는 가을을 막고 있다.

올해는 무자년戊子年으로 음양오행에 물[水]의 해이건만 불[火]이 강한가 보다. 연초부터 쇠고기수입 관련 촛불집회가 온 나라를 달구더니, 한가위가 지났는데도 더위는 진양조장단으로 사람을 늘어지게 한다. 에어컨과 선풍기로 쫓아보건만, 더위는 잠시 책상 밑이나 방구석에 숨었다가 끄고 나면 다시 나와 괴롭힌다.

가을아! 불러보면 입안에 푸른 물이 주룩 흘러나올 것 같은 하늘이다. 도서관 벽 담쟁이들이 발가락부터 물들어오는 9월 초순, 나는 새로운 인연의 바다에 빠졌다. 살아있는 글쓰기를 해볼 양으로 수필대학이란 낯선 배에 승선했다. 11기란다. *타짜가 아니라도 양의 으뜸수가 겹쳐 상서로운 기운이 솔솔 배어나온다.

지천명이 지나 배움의 창 고리를 잡아당겼다. 수년간 떠나가는 배의 뒷모습만 바라보다가 과감히 승선권을 구입했다. 혼자서 개구리헤엄 치던 웅덩이에서 벗어나 넓은 바다로 가고 싶었다. 새로움으로 충전하고 싶었다. '늦었다고 생각될 때가 가장 빠르다'는 속담을 생각하면서……. 배운다는 것은 아름다운 것, 나이가 들어 배운다는 것은 더욱 아름다운 것이 아닐까? 아름다운 생명체는 나이를 먹지 않는다고 한다. 배움이란 즐거움과 기쁨으로 가슴 두근거림이 있을 뿐이다.

글이란 언제나 새로운 만남과 긴장을 준다. 글로 하루를 열고 글을 가르치는 일을 업으로 살아가는 내게, 글은 늘 색다른 짜릿함과 풋풋함을 느끼게 한다. 이기심으로 뭉친 나를 소름이 돋도록 차갑게 질책하기도 하고, 잔잔하고 나긋나긋한 음성으로 새 길을 안내하기도 한다. 한 치 앞을 내다 볼 수 없는 벼랑 끝이기도 하고, 노을의 아름다움에 흔들리다 떨어지는 산감나무 단풍 한 장을 어루만지는 사춘기의 소녀이기도하다.

소중한 보물처럼 가슴 깊이 숨겨둔 글쓰기에 대한 열정을 펼쳐보고 싶다. 무쇠같이 천천히 달구어지고 싶다. 양은 냄비처럼 쉽게 식지 않도록 글쓰기에 대한 내 마음을 다독여 본다. 그 마음 '처음처럼' 지속되기를 다짐한다.

며칠 전, 경찰청에서 잠시 소란을 피웠다가 사라진 '처음처럼' 이란 글귀가 생각난다. 사회전반의 모든 일을 초심으로 돌아가서 대민업무를 보려는 경찰청의 마음을 실천하기 위해, 신영복 님의 서체인 '처음처럼' 이라는 글을 청사마다 걸어놓겠다는 발상이었다. 그러나 다음날 바로 없었던 일이 되었다. 감옥생활을 한 사람의 글씨를 경찰청에 걸어 놓는다는 것은 바람직하지 않다는 내부 의견 때문이었다. 그는 통일 혁명당 사건으로 구속되어 무기징역을 선고 받은 후 20년간 복역하다가, 지금은 사면 복권되어 성공회 대학교에서 교편을 잡고 있는 사람이다.

많은 생각을 하게 된 사건이었다. 사람마다 개성이 달라 의견의 다름은 민주사회의 바람직한 일이다. 하지만 무언가 아쉬운 마음이 남는 것은 나만의 생각일까? 쓴 사람의 이력도 중요하지만 더 중요한 것은 글씨에 담긴 본뜻의 향기가 아닐까?

이력을 버리고 낡은 생각을 버리고 익숙했던 필체를 날려버리고 하얀 화선지를 펼친다. 지난 밤 숲 향기 녹아든 석간수를 길어 경건한 마음으로 운수연雲水硯에 먹을 간다. 한 점 한 획을 정성들여 찍고 긋는다. 글쓰기도 텅 빈 백지에서 시작하련다. 아름다운 글보다는 소박한 글을, 멋진 문장보다는 진솔한 문장으로 시작하고 싶다. 한세월 흐른 후에 읽어도 고개 끄덕이며 빙긋이 미소 지을 수 있는 글을 쓰고 싶다. 강물을 차고 날아오르는 백로의 겨드랑이 털 같이 뽀얀 순수함이 숨어 있는 독자의 가슴을 설레게 할 글의 샘물이 솟구칠 수 있는 날을 기대해본다.

* **타짜-꾼** : 노름판에서, 남을 잘 속이는 재주를 가진 사람.
남의 일에 공연히 훼방을 놓는 사람을 낮잡아 이르는 말.

섣달 들어서다

한해의 마지막 달이면서 그달의 첫날이다. 새해가 시작하는 정월에 우리는 소망을 빌고 계획을 세운다. 구부러진 반지모양의 달이 이지러졌다 펴지기를 열한 번 넘어 마지막 달 문을 연다. 초하루는 언제나 신선함이 풍긴다. 베란다 창밖 새벽하늘을 바라보며 한 해를 돌아본다.

섣달이란 '설이 드는 달' 이란 뜻으로 음력 12월을 뜻한다. 지금은 설이 음력 1월에 들지만, 예전에는 음력 동짓달을 한 해의 출발점으로 시작한 적이 있다. 동지 팥죽을 먹으면 한 살 더 먹는다고 했다. 동지를 기점으로 낮이 다시 길어지므로 음陰이 차차 약해지고 양陽이 싹을 틔운다. 한 해의 시작을 동짓달로 또는 섣달로도 하다가, 섣달 초하루를 한 해의 시작으로 한 것이 여기서 유래한다.

새벽안개가 메밀꽃처럼 깔린 수성못 둑 산책로에는 수북한 낙엽들이 납작 엎드려 있다. 드문드문 허연 입김을 뿜으며 새벽 운동하는 사람들의 발걸음이 경쾌하다. 여명은 멀리서 눈을 비비고 주위는 어둑어둑하다. 천천히 못 둑을 걸으면서 오늘 할 일을 그려본다.

미국 인디언들은 섣달을 '침묵의 달'이라 한다. 존재를 가장 잘 느끼는 방법은 침묵을 통해서 얻는다는 그들의 지혜가 담겨있다. 호수 건너편은 분무기로 뿜은 듯 짙은 안개로 싸여 수묵화 한 편이다. 잠시 후 불어온 바람 한 장에 천천히 얼굴을 드러내다가 다시 안개 속에 숨는다. 한 해의 마지막 달 첫날이란 사실에 조금 흥분된다.

하루하루는 같은 날이면서도, 다른 날이다. 어찌 보면 숫자가 만든 마술에 걸려 온갖 생각을 한다. 마지막 달이고 첫 날이라, 반성도 하고 새로운 다짐을 하는 자체가 숫자에 매인 삶의 해석이다. '모든 것은 마음속에 있다.' 라는 말에서 처음과 끝이 어디 있을까 하며 곰곰 의문을 가진다. 이슬 젖어 촉촉해진 둑의 마른 풀잎 냄새가 난다. 그들도 한때는 푸른 청춘을 노래했을 것이다. 비스듬히 누운 둑에서 멀리 아파트촌을 바라보며 앙증맞은 꽃도 피우고, 초여름 가랑비에 잎이 탱탱 튀며 춤을 추던 날도 보냈다. 지금은 뿌리를 땅속에 갈무리하고 내년의 봄을 기다리고 있다. 그 자리에 존재하는 것으로 가치를 지니고 살아가는 자연이다. 풀잎들이 못 가에서 우두커니 물속만 바라본다. 불평불만도 없고 주어진 대로 하늘을 우러르며 삶을 노래하고 산다. 선달을 맞은 그들도 한 해를 돌아보는 것일까?

선달은 한 해에 품었던 꿈, 사랑, 인연을 추수하는 달이다. 가슴 속에 만들어 놓은 그리움의 작은 방을 하나씩 열어본다. 차곡차곡 쌓여 뿌리내린 알찬 꿈도 있고, 밑바닥에 깔려 희미해져 잊혀가는 사랑도 보인다. 맺어진 인연의 대상을 세세히 보듬지 못한 내 잘못이다. 마음만 앞서고 허우적대며 산 행동이 부끄럽다. 못 둑을 한 바퀴 돌 때쯤 시나브로 사방이 밝아온다. 줄지은 차들이 꽁지에 흰 안개꽃을 뿜으며 달아난다. 날이 가고 달이 가는 것은 자연의 섭리이다. 그 속에서 순리대로 살아가는 것이 바른 삶이 아닐까?

선달은 '무소유의 달' 이라고도 한다. 한 해를 갈무리하면서 벗어 놓지 못한 것을 떠올린다. 삶은 연륜이 깊어질수록 가지가 많아지고 열매가 무거워진다. 가지고 갈 수 없음을 알면서도 내려놓지 못하고 끙끙거리는 미련함이 부끄럽다. 상념 속에서만 비우고 실천하지 못하는 현실이 자신을 슬프게 한다. 익을수록 버리고 살아야 하건만 마음만 앞서고 지키지 못하는 우둔함이 안타까울 뿐이다.

새벽 산책을 끝낸 초하루 출근길 차 안에는 '쑥대머리' 한 가락에 목이 쉰다. 한양으로 떠나고 소식 없는 이도령을 기다리며, 옥중에서 임에 대한 그리움과 고독을 절절히 쏟아내는 '춘향가' 의 한 대목이다. 일제 강점기에 명창 임방울이 나라 잃은 민중의 슬픈 심정을 대변해 주며, 답답한 마음을 구성진 목소리로 풀어 주던 곡이다. 귓속을 파고들어 늑골 아래까지 깊숙이 울린다. 내 마음속 쑥대머리에서 벗어나야겠다. 섣달 초하루 계획은 갈무리가 아니라 새로운 소망을 바라는 끝없는 미네르바의 꿈이 아닐까?

가지치기

바쁜 약속도 미루고 허겁지겁 강의실에 들어왔다. "쉬운 단어를 써야 합니다. 부사는 되도록 많이 쓰지 말아야지요." 글쓰기에 대한 주문은 갈수록 까다롭다. 자상한 성품이지만 글에 대해서는 단호하다.

저녁 7시가 조금 넘었지만 짙은 어둠이 깔렸다. 추분이 지나니 밤이 낮을 다그친 모양이다. 퇴근 후 서둘러 온 탓으로 피로가 밀려온다. 눈꺼풀은 내려앉고 의식이 반딧불처럼 가물가물해진다. 선생님의 음성은 여전히 아다지오이다. 배움의 열정보다 졸음이 더 강한가? 다른 수강생들은 초롱초롱하기만 하고, 활활 타는 눈동자들로 강의실이 후끈하다. 억지로 잠을 깨운다.

J선생님의 강의 자료는 싱싱한 채소 같다. 10포인트 명조체로 20쪽 분량의 교재는 구수한 숭늉냄새가 난다. 명쾌한 설명에다 세세한 주석으로 비교 분석하신다. 우물물에 갓 헹구어 낸 상추로 쌈

을 먹는 맛이다. 들을수록 감칠맛이 난다. 정년퇴직을 하셨는데도 눈이 아직 좋으신 모양이다. 난 자꾸만 자료를 밀어서 본다. 누진 다초점 렌즈로 바꿔야 하지 않을까 생각 중이다. 나는 책도 12포인트 정도 되어야 잘 읽히는데…….

내가 쓴 글이 퇴고의 자료로 채택되었다. 내 나름대로 아름답고 세련되게 묘사한 부분들이 여지없이 잘린다. 얼굴이 화끈거린다. 시적인 맛을 내려고 의도적으로 비유한 부분도 가지를 친다. 저 표현을 얻으려고 많이도 생각했는데, 섭섭하기도 하고 짜릿하기도 하다. 달콤한 형용사와 부사에 익숙한 글이 옷을 벗는다. 양파처럼 벗겨진다. 발간 속살이 말랑말랑하다. 몸은 따갑지만 정신은 또렷하다. 앞으로 어떻게 써야 할까? 짧은 시간이었지만 무척 긴 느낌이었다.

습관은 참 무섭다. 나는 초등학생 때부터 책읽기와 글쓰기를 즐겼다. 특별히 좋아했다기보다 몇 번의 대회 입상이 자만심을 키운 것이다. 체계적인 공부는 하지 못했다. 가르치는 곳을 찾지도 못했고 찾아가지도 않았다. 혼자만의 뚝심으로 잘난 척 했다. 바둑으로 말하자면 순장바둑에 강했다고 할까. 큰 강물은 보지 못하고 동네 개울에서 열심히 헤엄쳤다. 알량한 재주만 늘었다. 처음 글을 써놓고 읽어 보면 좋은 글 같았지만, 얼마동안 삭히고 보면 곳곳이 허점이다. 퇴고를 제대로 하지 않았기 때문이다. 공들이지 않고 맛있는 열매만 따 먹으려고 한 셈이다. 잔가지와 잎만 무성하다.

작년 여름 전남 화순 모후산에서 '좋은 숲 가꾸기' 행사에 참가한 적이 있다. 일행들과 함께 숲길을 걸으며 많은 설명을 들었다. 소나무와 대나무가 울창해 원시림 같은 숲이었다. 푸르고 맑은 숲을 만드는 게 최종의 목표였다. 숲이 지닌 다양성을 고려해서 먼저 계획한다. 지형, 숲의 경영목적, 수종 등을 참고하여 여러 가지 작업 기술로 숲과 씨름한다. 가지치기와 솎아주기는 기본이다. 오솔길이 복원되고 숲이 숨을 쉰다. 맑은 물이 흐르고 새들이 노래한다. 자연이 살고 인간이 사는 행사였다.

글에서도 마찬가지이다. J선생님의 강의는 거침없는 강물이다.

"가상 독자를 생각하며 글쓰기를 해야 합니다. 불필요한 낱말은 삭제합니다. 독자를 따분하게 하는 요소는 없는가? 자기도취에 빠진 이야기는 금물입니다. 스토리의 전개속도도 적당해야 합니다."

내가 쓴 글을 가만히 읽어 보니 앞이 캄캄해진다. 생각 없이 쓴 글은 생각 없이 산 인생과 같다. 물론 아무 생각 없이 그냥 쓴 글은 없다. 삶에 대한 사색과 성찰의 깊이 문제다. 강물은 계속 흘러간다.

"그리고 문학의 가장 큰 특징을 아셔야지요. 첫째는 생략입니다. 그리고 둘째는 돌려 말하기지요."

지천명을 지난 지 몇 해가 되었다. 인생의 반환점을 돌아오는 시간이다. 창문을 열고 밤하늘의 별을 쳐다보았다. 내 삶에서 돌아보기를 한 날이 얼마일까? 편안함과 타협하여 달콤한 맛만 즐기지 나 않았는지? 이기심에 눈이 멀어 남을 배려하지 못한 적이 얼마나 있었던가. 아픈 상처를 몇 번이나 어루만져주었는지도 곱씹어 본다. 별들의 흐름은 한 치의 어긋남도 없다. 시기도, 경쟁도, 미움도 없이 수 억 광년을 유유히 흐른다. 밤은 깊어가고 머릿속은 또렷하다. 한 줄 한 편의 글을 쓰지 못하더라도 상관없다. 삶의 가지치기를 통해야만 글이 살아날 수 있음을 생각해 본다

아들

해질 무렵 아내와 산책 중이었다. 아파트 경로당 옆 벤치에 앉아 있는 할머니를 처음 만났다. 내게 몇 시쯤 되었냐고 물어 와서 대화가 시작되었다. 드문드문 검버섯은 피었지만, 주름은 많지 않아 60대 후반쯤으로 보였다. 수수한 옷차림이라 처음엔 남의 집에 일해 주러 온 분이 아닐까도 생각했다.

"손녀가 학원버스를 타고 오지요."

"아, 예. 손녀 마중 나오셨군요."

이런 저런 얘기를 나누다가 갑자기 할머니 오른손 부분이 상당히 부어 있는 것이 눈에 들어왔다. 상처가 심한 것 같아 조심스레 물어보았다.

할머니는 매일 오후 아들네 집에 들렀다. 맞벌이하는 며느리를 도우려고 손녀를 봐 준 지 다섯 겨울이 지났다. 일주일쯤 전이다. 그날도 학원 차에서 내린 손녀가 칭얼거려 업고 가는 중이었다. 그때 큰 쓰레기 뭉치 두 개를 가지고 나오는 며느리를 아파트 현관에서 만났다. 며느리는 그 쓰레기를 할머니에게 버려달라고 부탁하고는 아이 손만 잡고 현관으로 들어가 버렸다. 양손에 쓰레기를 들고 가던 할머니가 모퉁이를 돌다 그만 미끄러진 것이다. 순식간의 일이었다.

동네 병원에서 응급처치만 하고, '곧 괜찮아지겠지.' 하며 며칠을 보냈지만 큰 차도가 없었다. 그런데도 며느리나 아들은 할머니의 상처에 별 관심도 두지 않았다. '한집에 같이 살지는 않지만, 너무한 것이 아닌가? 이런 대접을 받으려고 내가 자식을 키웠단 말인가.' 서운함을 속으로만 삭였다. 통증이 그치지 않아 큰 병원을 찾았다.

"아니 할머니, 왜 이렇게 늦게 오셨어요. 상태가 너무 심한데요. 아파서 어떻게 참고 있었어요?"

안타깝다는 의사의 말에 눈물만 줄줄 흘러내렸다.

외아들에게 어머니는 온 정성을 다 쏟았다. 추운 겨울날 등교하는 아들에게 품에 데운 따뜻한 장갑을 끼워주었고, 늦은 귀갓길엔 오랜 시간 정류소에서 기다려 가방을 들어주던 어머니였다. 그때마다 어머니를 대하는 아들도 늘 환한 얼굴이었다. 엄마와 아들의 마음이 꽃과 나비 같았다. 며느리가 들어온 후 아들의 태도가 조금씩 변해 갔다. 쌓이는 세월 속에 아들의 관심은 제 자식과 처에게만 쏠리게 되었다. 어머니의 가슴은 끈 떨어진 연이 되어 새까맣게 멍들었다.

문득, 거울 속에 비친 나를 바라보았다. 홀로 계신 어머니가 떠올라 정신이 아득하다. 와병 중인 남편을 대신해 오 남매를 키우느라 모든 것 다 내어주고 이젠 삭정이 같은 어머니의 모습. 수년 전 큰 수술로 지팡이 없이는 한 걸음도 걷지 못하는 당신의 얼굴이 어른거렸다. 나는 하루에 얼마나 어머님 생각을 하고 있는가. 저 할머니 자식과 뭐가 다를까.

늦은 밤 동생에게서 전화가 왔다. 낮에 잠시 어머님께 들렀더니 기침을 많이 한다고 전한다. 서둘러 달려가니 담담한 표정으로 반긴다.
"감기가 심하고 나이가 많아서 그러니 걱정하지 마라."

부담이 될까 연방 괜찮다는 말에 가슴이 아려 온다. 고사목 같이 앙상한 어머니의 손을 잡으니 내 눈가가 촉촉해진다. 아들이란 존재는 무엇일까? 거친 삶의 파도만 생각하기 바빴지, 당신의 마음은 얼마나 헤아리고 살아왔던가.

손목을 다친 그 할머니의 얼굴과 어머니 모습이 천천히 겹쳐 지나간다.

축제

말짱하던 하늘이 컴컴해지더니 이내 후드득 소리가 난다. 삽시간 땅바닥에 꽂히는 수만 개의 화살들. 초대하지 않은 손님이다. 잠깐 만에 도로가 흥건해진다. 미처 우산을 준비하지 못하고 길 가던 사람들은 허둥거린다. 폭염축제에 비가 내리다니! 임시로 친 차일 속의 상인들이 못마땅한 듯 허공을 쳐다본다. 들안길과 연결된 수성 호반 축제장의 초저녁이다. 작년에는 비가 귀해서 실종신고까지 했다던 장마가 올해는 동무들을 몰고 왔는지 비가 잦다.

달포 전부터 요란하게 홍보하던 구청의 행사가 하늘의 눈물 세례에 울상이다. 오늘은 양력 팔월 초하루. 예년 같으면 삼십 몇 도를 오르내리며 더위가 절정이어서 사람을 못살게 구는 시기이다. 한 달이나 끌어온 장마가 폭염이라는 단어를 사전에서 지워버렸을까. 하늘만 바라보고 한철 여름 장사를 준비했던 상인들이 시무룩하다. 타들어가는 담뱃재를 털 생각도 잊고 바닥을 적시는 빗방울만 물끄러미 바라본다. 그 담배연기 속에서 피어난 학창시절 축제의

한 장면이 떠오른다.

대학 4학년 시절, 화창한 봄날이었다. 새내기들을 받아들인 오월의 캠퍼스는 신록의 아름다움과 함께 아카시아 꽃향기로 무르익고 있었다. 축제 현수막이 곳곳에 나부끼고 평소 축제에 관심이 없던 나도 마지막 학창시절 봄이라 생각하니 마음이 들떠 있었다. 참석할까 말까 망설이던 중, K 학회장이 꼭 와 보라며 페스티발 티켓 2장을 건네주었다. 우여곡절 끝에 함께한 C양과 들어선 강당은 젊음의 열기로 후끈 달아올랐다. 전자 음악의 굉음 속에 밤은 천천히 여물어갔다. 우유 마시기에서 벌컥벌컥 들이키다가 제재를 받고 상대방 얼굴에 튀어 한바탕 웃고 즐긴 일이 어제 같다. 과별 장기자랑이 있다기에 몇 명이 함께 급히 중창 팀을 구성했다. 입으로 하모니카를 불며 기타를 친 후배 K군의 재치 있는 반주로 2등을 했다. 축배를 들며 환호하던 그날이 또렷하다.

국지성 소나기일까. 다행히 얼마 가지 않아 그쳤다. 짙은 구름이 달아나고 언뜻언뜻 살아나는 하늘이 더없이 반갑다. 축제를 준비하던 사람들의 얼굴에도 조금씩 꽃이 핀다. 축제에서 빠지지 않는 먹을거리 차일이 길게 줄을 서고, 건강검진, 간이 물놀이장을 비롯해 커다란 얼음 위를 걷는 체험행사장도 준비되었다. 차츰 사람들도 조금씩 불어나더니 이내 잔치분위기로 왁작거린다.

삼색 조명 가로등이 파수병처럼 지키는 수성 호반 둑을 거닐면 저녁마다 같은 자리에 나와서 춤을 추는 고독한 B-보이를 만난다. 산책로 옆구리에 자리 잡은 이 춤꾼의 홀로 공연은 벌써 수년이 지났다. 한 평 남짓한 공간을 확보하고, 낡은 녹음기 한 대를 틀어놓고 혼자서 묘기를 펼친다. 한 마리 외로운 짐승의 포효일까. 봐 주는 사람 수와는 관계없이 늘 같은 시각, 같은 자리에서 춤을 추고 있었다. 지인에게 들은 얘기로는 그 나름의 아픈 사연을 가졌기에 그것을 춤으로 승화시키고 있다는 것이었다. 오늘같이 사람이 많은 날은 더욱 신이 나는 모양이다. 간간이 쳐 주는 박수에 힘을 얻고, 가쁜 숨과 땀범벅 속에서도 희미한 미소로 고난도 연기를 펼치는 것이다. 무엇인지 모를 애잔한 마음에 발길을 다른 곳으로 바삐 돌리지 못했다.

축제의 절정은 늦은 저녁 초청 가수들 열창으로 후끈거린다. 인기가수 L양, K양의 얼굴을 보려고 온 사람들의 발길로 행사장은 숨이 막힐 지경이다. 이산가족이 되지 않기 위해 손을 꼭 잡은 가족들이 물살을 거슬러 가듯 사람들 사이로 헤엄을 친다. 길과 잔디밭의 구분은 없어진 지 오래다. 소풍 나온 듯 자리를 깔고 있는 모습이 소란 속에 어지럽다. 나도 사람의 물결에 휩쓸려 이리저리 밀려 다녔다.

파장으로 접어든 한 차일에 들어가 도토리 묵채를 주문했다. 매콤하고 알싸한 맛이 혀끝에서 감긴다. 간이 의자에 마주 앉은 옆 사람은 연방 맛있다며 한 그릇을 더 주문한다. 축제의 맛은 먹을거리 시장에서 생명을 얻는 모양이다. 천막마다 여러 종류의 음식을 먹고 마시는 모습이 마치 시골 오일장 같다. 마감시간에 쫓겨 주섬주섬 식기를 챙기는 가운데도 계속 손님들의 주문이 이어진다. 축제장의 밤은 스타워즈의 광선검 같은 칼을 들고 다니는 아이와 부모, 구운 옥수수나 먹거리를 먹으며 다정스레 거니는 연인들, 연방 쏘아 올리는 불꽃 소리, 화약 냄새로 산책로를 가득 메운다.

차츰 확성기에서 쏟아져 나오는 노래도 스러진다. 여태껏 내가 본 것은 파도처럼 몰려드는 사람들 표정의 축제인 것 같다. 저마다 개성 있는 얼굴로 이리저리 밀려다니는 물거품 같은 모습이다. 도시생활의 공허감에서 갖지 못한 무엇을 찾으러 몰려든 짐승들의 표정. 그 얼굴 속에 내 모습도 들어 있었다. 호숫가 빈 벤치에 앉아 수면을 바라보았다. 물에 비친 건너편 건물의 불빛이 물결 따라 춤을 춘다. 서늘한 물바람 한 줄기 가슴을 쓸어가니 눈이 스르르 감긴다. 내가 바람이 되어 물 위를 거니는 것 같다. 일렁이는 물속에서 내가 나를 바라본다.

일어서서 허공을 향해 심호흡한다. 언제 나타났는지 초열흘 달이 하늘에도 물에도 내 가슴에도 떠 있다. 가로등 불빛 아래 은빛 광선이 눈보라처럼 쏟아진다. 저물어 가는 한 사내의 실루엣을 보며 삶의 축제를 생각한다. 그가 걸어온 길에 꽃노을이 진다. 돌아본 길은 가파르지도 낭떠러지도 아니었다. 난 무얼 그리 허둥거렸던가. 내리사랑 받기만 하고 베풀지 못한 자신이 부끄러워진다. 내가 가야 할 길은 잔디밭 꽃길이 아니라도 괜찮다. 개망초 하얗게 반기고 달맞이 노란 꽃잎이 밤을 흔드는 들길만 이어진다면, 비록 묵정밭 속이라도 내 삶은 아름다운 축제가 되리라.

눈이 내리네

눈이 올 것만 같다. 숨차게 달려온 바람 한 장이 산책길을 뿌옇게 흔들고, 강 건너 숲 정수리 능선은 잿빛 구름으로 어둑어둑하다. 함박눈을 기대해보지만, 아직 입질도 하지 않는다. 중부지방은 대설주의보란다. TV 뉴스에서 펼쳐지는 설경은 추억의 한 자락을 끌어낸다. 펑펑 내리는 화면속의 눈을 바라보고 있으면 가슴 설레는 소녀가 된다.

참고 있던 하늘이 눈을 뿌린다. 팽팽하게 부풀던 잿빛 허공이 바늘에 콕 찔린 듯, 멈칫하던 순간이 지나자 사정없이 쏟아진다. 봄밤의 벚꽃놀이 가던 날 하늘과 흡사하다. 명지바람 한 장에 꽃보라 날리듯 춤을 추며 내린다. 컴컴한 하늘에는 온통 꽃잎의 폭포수다. 눈이 내리는 날은 모든 감각을 열어둔다. 오감을 동원하여 눈송이를 천천히 음미한다.

눈은 세상을 하나로 만든다. 삽시간에 하얀 이불로 삼라만상을 덮는다. 달동네 쪽방 뒷골목에도, 울긋불긋한 도회의 상가에도, 사정없이 흰 가루를 들어붓는다. 눈이 내리는 세상에는 누구나 아름다운 사람이 되는 모양이다. 잘난 사람도 못난 사람도, 미움도 원망도 없다. 오직 무채색의 평등한 세상만 존재한다. 이따금 신은 이런 재미로 눈을 뿌리는 게 아닐까?

흐린 하늘이 밝아온다. 눈은 어둠의 세계에서 밝음의 세계로 연결하는 고리이다. 눈이 내리는 날은 마음이 편안해지고 부자가 된다. 스산한 교도소 봉창 안에도, 손바닥만한 반 지하 봉제공장에도, 후끈한 취업 강의실 안에서도 눈을 보며 감회에 잠긴다. 연일 보도되는 취업대란의 걱정도, 실직의 두려움도 흰 눈앞에선 잠시나마 사라진다. 눈은 강렬한 마취제요 마법의 선물이다.

눈길을 천천히 걷는다. 스치는 사람마다 얼굴에는 웃음꽃이 핀다. 모처럼 나들이 나온 부모와 아이들 가슴은 사랑으로 활활 타오른다. 눈사람을 만들고 눈싸움을 하는 모습이, 꼬리를 흔들면서 뛰어다니는 강아지마냥 즐겁다. 뽀드득 소리를 내며 걷는 연인의 발자국에도 사랑이 천천히 익는다. 환히 웃음 짓는 내 입속으로 눈이 들어온다. 솜사탕과는 또 다른 차가운 듯 달콤한 맛이다.

거리의 상점에서 '눈이 내리네.'라는 노래가 흐른다. 감미로운 샹송과 칸초네를 합친 것 같은 허스키한 70년대 여가수의 목소리이다. 절절한 가사가 내 심장에서 녹아나와, 노래 속 주인공이 되어 눈길을 걷는다. 갑자기 혼자라는 생각에 왈칵 외로움이 밀려온다. 누가 '군중 속의 고독'을 얘기했던가? 머리에 눈이 쌓여갈수록, '그대가 곁에 있어도 나는 그대가 그립다.'는 시인의 목소리가 아련하다.

눈을 감으면, 깊은 숲 소나무들의 가지 부러지는 소리가 들린다. 새털보다 가볍고 부드러운 눈이 아름드리 소나무의 어깨를 꺾는다. 자연의 섭리이다. 가장 가벼운 것이 가장 굳센 것을 허물어뜨리는 저 자연의 오묘한 조화. 이 세상에 절대적 진리는 없는 모양이다. 모든 것은 마음에 있다고 어느 종교에서는 얘기한다. 독실한 신자가 아니라도 제 마음이 평안하면 그곳이 서방정토요 진리의 세상이 아닐까? 눈 속에서 세상을 읽고 마음을 다듬는다.

눈길 속에는 사랑이 있고 추억이 숨을 쉰다. 저마다 가슴속에 그리움의 방을 하나 만들어 놓고 살아간다. 만나서 사랑을 하고 인연을 맺고 헤어지는 것이 우리의 삶이다. 칸칸이 한 사람을 들여놓고 대화를 나누고 사랑을 한다. 그리움, 외로움, 때로는 저린 미움과 증오도 켜켜이 쌓여 있다. 절절한 고독 속에 묻어둔 그리움 한 자락을 살며시 꺼내 보는 것도 눈 내리는 날의 소박한 낭만이다. 눈이 내리는 날 맺은 인연은 자만과 욕심이 적다. 비움의 만남이기에 자연스런 만남이고, 욕심 없는 만남이기에 순수한 만남이다.

삼십 년 전쯤 일이다. 그날 밤도 이렇게 눈이 퍼붓고, 마을에서 떨어진 산기슭 외딴집에서는 조촐한 잔치가 벌어지고 있었다. 산골 중학교의 졸업사은회 자리이다. 별빛 같은 초롱초롱한 스물 댓 명의 눈은 아쉬움과 고마움으로 촉촉이 젖었다. 도란도란 얘기와 이별의 노래가 흘러나오는 방문 밖에는, 오늘처럼 이렇게 눈이 내리고 있었다. 몇 년 전 졸업 25주년 기념행사에서 만난 그들은, 그날 눈 내리던 밤의 아름다움과 사랑을 그대로 안고 여물은 얼굴이었다.

눈발이 점점 굵어진다. 세상은 더욱 환해지고 정신은 또렷하다. 눈이 내리는 날은 모두가 어린아이 마음이 된다. 욕심도, 자만도, 그리움도, 미움도 눈 속에 묻혀 하얘진다. 무채색의 선물 앞에서 누구나 평등한 수도자가 된다. 포근함과 사랑의 느낌만이 온 세상을 채운다. 눈길 속을 걷는 사람이 멀어질수록 바닷가 백사장의 모래알 같은 한 점이 된다. 허옇게 퍼붓는 눈보라는 시나브로 강해지고, 마을 뒷산 참대밭엔 싱싱한 가지 꺾이는 소리만 푸른 소리로 울고 있다.

봄비에 빠지다

봄비가 내린다. 정원은 꽃 잔치로 화사하다. 양지의 백목련은 벌써 이울기 시작하고, 살구꽃과 벚꽃은 제 세상 만난 양 봄날을 노래한다. 출근길 눈인사하는 그들에게서 행복을 느낀다. 꽃이 지고 나면 파릇한 새잎을 피우리라. 아침마다 꽃나무에서 계절의 흐름을 감지한다.

경로당 앞의 묵은 살구나무 한 그루가 해마다 노란 열매를 주렁주렁 달고 아이들 마음을 설레게 했다. 그의 운명일까? 길바닥에 떨어져 밟힌 열매가 지저분하다는 불만이 많아, 지난겨울에 둥치채로 잘렸다. 비에 젖은 덩그런 등걸을 보니 내 삶의 한 자락을 베인 듯해 아리다. 그가 준 좋은 점은 잊어버리고, 길이 더러워진다고 없애버린 현실이 안타깝다. 오랜 세월 비바람과 눈서리를 맞으며 살아온 그가 진정한 내 이웃인데, 몰지각한 인간의 잘못으로 사라진 사실이 슬프다.

자연의 미추美醜는 겉으로만 판단할 수가 없다. 나무는 땅속에 뿌리를 내리고 적당한 토양에서 수분과 영양을 받아 살아간다. 보이지 않는 곳에서 치열하게 자신을 지키려는 절제가 강할수록 밖으로는 알찬 열매를 맺는다. 나무를 통해 내 삶을 돌아본다. 인간 세상도 이와 다르지 않으리라. 묵묵히 내실을 다지며 살아가는 사람도 있고, 헛된 욕심으로 발버둥 치다가 허망하게 사라지는 경우도 생긴다. 외모만 중시하는 허상을 버리고 내면의 진실을 가꾸는 사람이 진정 그리운 것은 나만의 생각일까.

바람 한 줄기 지나간다. 우수수 떨어지는 꽃잎에서 만남과 떠남을 떠올린다. 잿빛 하늘을 보고 있노라니 지난 날이 동영상처럼 펼쳐진다. 돌아본 시간은 모두 아름다웠다. 아침햇살처럼 해맑은 만남도 있었고, 저녁노을처럼 애틋한 이별도 있었다. 한 사람 한 사람 그려보니 소중하고 그립다. 내 삶에서 가장 중요한 선택 때는 두 갈래의 갈림길에서 무척 망설이기도 했다. 순간의 선택에서 운명은 결정되었지만 가지 않았던 길이 언뜻언뜻 떠오르는 것은 무슨 까닭일까?

빗방울이 하얀 목련 꽃잎을 타고 구른다. 촉촉이 젖은 꽃잎 서넛이 떨어진다. 떨어지는 꽃잎은 새순을 틔우기 위한 축복된 이별이다. 낙화란 결별이 아니라 새 출발을 위한 고귀한 희생이리라. 그에게서 윤회의 섭리를 배운다. 가고 옴이 둘이 아니라 하나라는 것을. 바닷가에서 주운 조약돌 하나도 수 억 년 전에 맺은 인연의 선물이다. 매끈한 몽돌을 거실 책장 위에 올려놓고 말없이 쳐다본다. 밀려오는 파도소리가 들리고 뱃사람들의 거친 삶과 바다 속 숨은 사연을 속삭여준다.

시작이 있으면 끝도 있다. 영원이란, 순간이 있기 때문에 생긴 말일 것이다. 삶의 출발은 알지만 도착은 언제일지 모르고 살아간다. 아무리 아름다운 꽃도 시간이 지나면 지게 된다. 삼라만상은 모두 이 진리에서 벗어나지 못하리라. 물이 위에서 아래로 흐르듯이 자연스레 영원을 향해 진행하는 과정이다. 순간의 아름다움과 소중함을 누릴 줄 아는 사람, 그가 진정한 부자일 것이다. 채움이 있으면 비움도 생긴다는 사실을 알고 살아가는 사람, 순간에서 영원을 볼 줄 아는 사람의 마음은 평화롭다. 하나를 얻으면 또 다른 하나를 잃는다는 것을 알면 욕심에서 비껴갈 수 있지 않을까.

빗줄기가 굵어진다. 토기에 빗살무늬를 새기듯 비가 쏟아진다. 꽃잎 떨어진 땅바닥에 하염없이 내린다. 구수한 흙냄새가 진하게 풍긴다. 새봄의 향기다. 겨우내 메말랐던 대지에 빗물이 스며든다. 흙덩이 사이 공기구멍 따라 생명수가 들어간다. 부드러운 흙과 미네랄이 넘치는 생명수가 만나 촉촉한 축제를 벌인다. 땅속 깊은 잠을 자던 토룡들도 신이 난다. 적당히 반죽된 흙덩이에 몸을 헤집고 다니다가 땅위에 올라온다. 자연 속 새 생명의 축제이다. 누구도 상상할 수 없던 봄의 향연이 빗물 속에서 열린다.

비안개가 자욱하다. 젖은 어깨서 김이 모락모락 올라온다. 의식의 저편에서 서성거리던 내가 화들짝 깨어난다. 그리움과 미움, 사랑도 따뜻해진다. 세상이 아늑해진다

제 2부
겨울 나그네

겨울 나그네 / 길〔路〕에서 길〔道〕을 묻다 / 귀신사여, 귀신사여 / 금강 물빛에서 나를 만나다 / 사랑은 섬을 낳고, 그리움은 바람에 스친다 / '흐르는 강물'의 삶을 기리며 / 내 삶의 영원한 등대 〈학원〉 잡지 / 달밤 1 / 달밤 2 / 백야白夜

산책길 건너편의 숲이 싱그럽다
새잎으로 갈아입은 나무들이 춤을 추며 눈에 빨려든다
저 짙은 연초록의 물결! 사랑스럽다
풍덩 빠지고 싶을 만큼 아름답다
한참 보고 있으니 눈물이 핑 돈다
가슴 밑바닥까지 시원하다
새로 핀 잎은 저렇게 아름다운데 나는 해마다 어떻게 살아왔는가
깨우침을 주지만 따르지 못하는 자신이 부끄럽다

겨울 나그네

1. 순천만

소한小寒 한파로 뺨이 얼얼하다. 달포 전부터 계획한 여행을 떠나는 날이다. 영하 저 아래로 내려간 수은주는 마음을 동동거리게 한다. 폭설로 길만 막히지 않으면 추위는 별문제가 되지 않는다. 여행이란 생각만 해도 낭만과 그리움으로 가슴이 아련하다. 떠나기 전의 설렘, 미지에 대한 호기심에서 얻는 기쁨은 가보지 않은 사람은 알 수 없지 않을까.

평소 마음을 터놓던 동료와의 동행이다. 여정은 마음과 발길이 닿는 대로 가면서 잡기로 했다. 문득, 언젠가 방송에서 본 순천만이 먼저 떠올랐다. '그래 그곳으로 가보자' 흔들리는 갈대의 아름다움은 늦가을이 절정이다. 좀 늦었지만, 겨울의 갈대밭도 황량한 속에서 신비함이 있을 것이다. 보고 싶었다. 사실 전라도 내륙 쪽도 어떨까 생각했지만 눈 소식이 있어 그만두었다. 한 시간 정도 달리니 남해고속도로에 접어들었다.

빈 들판에서 갑자기 수백 마리의 철새들이 날아오른다. 삽시간에 하늘이 까만 점으로 덮인다. '야! 드디어 왔구나.' 가슴이 두근거린다. 순천만자연생태공원 입구에서 새들이 먼저 인사를 한다. 조금 전 점심으로 먹은 이곳 별미인 '꼬막정식'이 떠오른다. 식탁에 수저 놓을 곳이 없을 정도로 많은 반찬 수에 눈이 휘둥그레졌다. 간장에 절이고, 양념에 무치고, 호박전에 넣고, 탕에 끓이기도 한 꼬막의 풍성한 변신. 그 많은 꼬막이 새가 되어 날아오르나? 후두두둑 소리와 함께 또 한 무리의 새떼가 화선지에 먹물 흩뿌린 듯 까맣게 허공을 가로지른다. 나도 모르게 양손을 흔들며 탄성을 낸다. 공원입구에 들어섰다. 일몰까지는 햇살이 한 발이나 남았고 빛마저 산뜻하지 못해 흐릿하다. 해설사는 순천만 낙조를 꼭 구경하라고 추천하지만, 시간이 맞지 않을까 걱정이 된다.

드넓은 갯벌 위에 펼쳐진 갈대 속으로 빨려 들어간다. 마치 잘 익은 벼처럼 누런색으로 바랜 줄기가 촘촘히 솟아있다. 짐승 한 마리 못 다닐 정도로 빽빽한 갈밭 사이로 조성된 탐방로가 구불구불 용산주전망대 쪽으로 연결된다. 직선으로 쭉 뻗어 가다가 각을 지어 돌아가고, 다시 반원처럼 둥그렇게 이어지다가 직각으로 구부러지게 한 통로. 각도에 따라 은빛에서 잿빛으로 그리고 역광에 의한 금빛으로 변신하는 숲이 마치 성년식을 치른 여인의 머릿결 같다. 추운 바람에 얼어 버릴 듯한 손으로 연방 카메라 초점을 맞춘다.

드디어 용산주전망대 위에 올랐다. 발아래엔 울창한 갈대밭과 갯벌의 평야. 눈앞의 S자 형태로 이어진 수로가 순천만과 맞닿은 곳이다. 멀리 산 위에서 넘어가고 있는 태양이 물빛에 반사되어 가슴 속으로 달려든다. 온통 황금빛으로 숨을 쉬는 갈대숲. 둥그렇게 또는 갯벌 따라 길게 누워 춤추는 모습은 잘 익은 보리밭을 떠올린다. 하나하나가 우리 인간인 듯하다. 바람 한 장 스칠 때마다 우우 울고 있는 생명. 그들도 저마다 많은 사연을 가졌으리라. 이름 없는 들꽃처럼 무리지어 한 곳에 피어났지만, 각자가 가지고 있는 개성과 모습은 다 같지 않을 것이다. 가만히 자신을 돌아본다. 저 많은 갈대 중의 하나와 같은 존재가 아닌가. 어떻게 살아왔는가도 되물어본다. 더불어 살아가는 그들의 모습에서 자연의 질서를 배운다. 섭리대로 그 자리에 태어나서 자라고, 인연이 다하면 사라지는 그들의 삶. 오래전부터 수많은 사람이 이를 노래했었다. 겸손한 마음으로 원망도 불평도 없이 살아가는 듯하다. 생각할수록 아름답고 숭고하다.

한참을 기다려도 일몰 시간에 맞추기 어려워 아쉬움을 뒤로하고 발길을 돌렸다. 날씨가 매섭다. 남쪽이라 따뜻한 줄 알았건만 소한 추위는 여기도 대단하다. 이곳저곳 발품을 팔아 아늑한 숙소에 여장을 풀었다. 시내에서 조금 떨어진 곳이지만 조용하고 깔끔한 분위기가 마음에 든다. "잠자려고 온 것이 아니잖아."라며 눈빛만 봐도 느낌이 전해지는 동료와 밤거리에 나왔다. 진정한 여행의 맛은 그 지방 고유의 풍물을 맛보는 것이리라. 하지만, 별 볼거리가 없는 겨울밤이라 가슴만 차다. 돌아다니는 동안 낮에 본 갈대가 눈앞에 아른거려 '갈대의 순정' 이란 노래도 흥얼거린다. '인간은 생각하는 갈대다' 라는 말도 음미하며 수 년 전 금강 하구 갈대를 읊은 자작시 한 편을 떠올린다.

무슨 잘못이었을까
마른 손 으스러져라 부비며
선명한 의식의 껍질 벗기는 바람
숫돌에 칼날 벼리듯 서걱대다가
늦가을 햇살 비벼 밟아주면
화톳불 튀는 소리 들린다

시샘하듯 하늘 찌르느라
새털구름에 낙조가 타는지
눈가가 촉촉이 젖는지도
세상은 까마득히 몰랐다

흔들림 따라 반짝이는 물빛
사랑이여!
너와 나 따스하던 어깨가 아득해질 때
차라리 난
빈 들길만 보고 말았다

가야 할 곳 찾지 못해
무릎 낮추고 물새소리 내는
질긴 힘줄 속

우리들 아름다운 몸짓도
그냥 아득히
허공만 붉히는 것을

졸시拙詩 〈신성리 갈대숲에 누워 허무를 만나다〉 전문

오늘 스친 풍경이 지나간다. 아득하게 펼친 갈대의 천국과 날아오르는 새떼들의 춤. 겨울 시골 들판의 허전함. 모두가 그립고 정겨운 고향의 얼굴이다. 나란히 누워 천장을 바라보며 내일의 일정을 그려본다. 구례를 지나 지리산 속으로 들어갈까? 남해를 거쳐 통영 쪽은 어떨까? 아니, 부산 방향으로 거가대교도 괜찮은데. 한참 뒤척이다가 눈을 감는다.

2. 진양호

진양호! 고속도로보다 정겨운 옛길을 통해 진주의 진양호로 가기로 했다. 순천에서 맞은 아침 햇살은 포근하고 살갑다. 지도를 펴놓고 갈 길을 짚어본다. 먼 거리 여행할 때는 오래된 국도를 잘 이용하지 않지만, 이 길을 운전하면 마음이 푸근해진다. 차창 밖 마을마다 고향 냄새가 난다. 광양을 거쳐 하동으로 통하는 도로는 경전선 철길과 어깨를 나란히 하고 있다. 단선으로 된 기찻길은 바라보기만 해도 산골 정취가 흠씬 묻어난다. 장난감 같은 간이역을 지날 때마다 어린 시절의 추억이 떠오르고, 기적소리라도 날 때면 그리운 시골 외할머니가 버선발로 반겨 줄 것 같은 느낌이다.

옥곡역을 지나 진상역에 잠시 차를 세웠다. 간이역이 아담하다. 역사驛舍로 들어가려다 깜짝 놀랐다. 지붕에는 분명히 진상역 팻말이 있는데 문에는 음식점 이름이 적혀 있다. '이럴 수가?' 안을 들여다보니 정말 음식점이다. 쓴웃음이 나온다. 왼쪽으로 돌아가니 철길로 들어가는 작은 통로가 보인다. '무인역'이라는 안내판에 열차시각표도 걸려 있다. 그때 몇 사람이 허둥지둥 철길로 달려간다. 잠시 후 열차가 정차하더니 서너 명이 내리고 몇 사람이 탄다. 다시 기적을 울리면서 출발한다. 열차 안에서 개찰하는 모양이다. 하동을 지나면서 유유히 흐르는 섬진강과도 얘기하고 굽이굽이 돌아가는 길 따라 콧노래도 저절로 나온다.

남강댐 입구에서 만난 뭍의 바다! 쪽빛 물감을 풀어놓은 아름다움이 이만한 곳이 또 있을까? 겨울바람 한 장이 저편에서 건너온다. 두 팔을 벌리고 깊이 마신다. 은빛 조약돌처럼 물 위를 구르며 부서지는 햇빛. 눈이 부신다. 방금 그물에서 건져 올린 멸치떼처럼 싱싱하다. 날카롭게 가슴에 파고들었다가 천천히 풀어진다. 마음은 벌써 호수 가운데에 들어간다.

물가에 앉아 손을 담근다. 얼지는 않았지만 얼얼하도록 차갑다. 산 그림자가 정물처럼 잠겨 있다. 하늘, 구름, 산이 담긴 물속은 고요하다. 선녀가 걸어 나올 것 같아 갑자기 뛰어들고 싶다. 들어가면 나도 신선이 될까? 병풍처럼 둘러친 산이 수묵화 속이다. 철이 지난 자연 속에서 겨울잠을 자는 나무들의 얘기가 들린다. 동안거冬安居에 들어간 스님의 참선하는 모습이 떠오른다. 새봄이 오면 꽃 피울 작전회의로 나무마다 물오르는 준비로 바쁘다. 시간과 공간을 잊고 태고의 순수함에 빠진 것 같다. 희로애락도 없던 그 아득한 원시의 향기가 숲에서 배어 나온다. 냄새 따라 들어선 숲길이 궁금해진다.

물 쪽으로 고개를 내민 진달래와 철쭉들의 허연 가지가 다소곳하다. 적당히 허리를 틀고 가부좌한 소나무들이 반긴다. 가만히 손을 대보니 온기가 전해온다. 한번 뿌리내려 죽을 때까지 그 자리에서 살아가는 삶이 인간보다 여유롭다. 불평도 변덕도 없이 살아가는 자연의 섭리에 부끄러울 뿐이다. 비우고 살아가는 명징한 자연의 마음이 가슴을 때린다. 그들의 삶도 호수를 닮는가보다. 비스듬히 나무에 기대어 수면을 바라보는 내 눈가가 알 수 없는 무엇에 촉촉해진다.

진양호공원 전망대에서 바라본 정경은 고요 그 자체였다. 하늘과 물과 숲이 삼위일체를 이룬 풍경 위에 흰 물새들이 물을 차고 날아오르는 광경. 정적을 깨는 날갯짓에서 전해오는 여유! 이 순간, 이 자리에 영원히 머물고 싶다. 겨울 호수의 물빛은 티끌 없이 푸르다 못 해 진한 코발트빛으로 반짝인다. 물을 보고 있노라면 가슴 저 아래 숨어 있던 아련한 그리움이 뛰쳐나오는 것 같다. 어제보다는 풀어진 날씨이다. 세상이 포근하게 보이고 평화롭다. 눈을 감으니 잔잔한 음악이 들리는 듯하다. 꿈을 꾸고 있는 것이 아닐까. 선인들이 노래하던 도원경桃園景을 걷는 것일까. 마음이 평온하면 그곳이 곧 극락이라고 했거늘……. 누군가 자연을 경치로만 즐기는 것은 인간이 지닌 오만과 무지 때문이라고 했지만, 나는 아직 경치에서 나를 찾고 다듬고 싶다.

호수에 취해 눈 감은 내게 동료가 어깨를 툭 친다. "선경이 따로 없네. 신선이 어디 있는지 찾아보자." "뭘 찾아. 지금 여기 있는 우리가 신선이지." 싱긋 웃으며 내가 답한다. 바보들의 대화를 들은 듯 멀리서 흰 새들이 또 날아오른다. "여기서 한 며칠 아무 생각 없이 저 물만 보고 있으면 어떨까?"라는 말에, "뭐, 그래도 생각하고 실제는 다를 걸." 하고 돌아본다. 아득한 저편으로 흰 봉우리가 보인다. 눈 쌓인 지리산인 것 같다. 바라보고만 있어도 머리가 맑고 마음이 환하다. 쪽빛 하늘 위로 흰 구름이 둥둥 떠간다. 내 마음도 구름에 실어 어디론가 흘러간다. 가는 곳이 어딘지도 모른 채. 우리 인생의 종착지가 어딘지도 모르는 것처럼.

합천을 지나는 차창 밖으로 햇살이 뉘엿뉘엿 저물어 간다.

길[路]에서 길[道]을 묻다

사람이 길을 만들고 길은 삶의 나이테를 그린다. 남도기행의 차창 밖은 연두에서 초록으로 물들고 있었다. 봄의 중턱까지 '인디언 서머' 같은 날씨가 이어지더니, 보슬비 타고 찾아온 꽃샘추위로 서늘했다.

실상사 입구에서 만난 시냇물은 소나기 지나간 하늘같이 투명했다. 어저께 내린 비로 가뭄 속에서도 제법 수량이 많다. 지리산 반야봉에서 내려온 물줄기는 오싹할 정도로 차다. 살짝 담근 손이 시리다. 사람은 자연을 찾아 산속으로 들어가건만, 천 년을 흘러온 시내는 아래로만 흘러간다. 저 물길은 어디서 시작되어 어디로 가고 있는가? 작은 포말만 일으킬 뿐 아무 대답이 없다. 해탈교解脫橋 밑을 지나기에 물도 도道를 깨친 것일까? 장애물을 만나면 돌아가고, 샘이 깊으면 쉬어간다. 그저 욕심 없이 낮은 곳으로만 내려갈 뿐이다. 내 살아온 날과 살아갈 날을 꾸짖고 이끌어주는 듯 천연스레 흐른다.

초파일을 앞둔 절집 마당은 촉촉하고 고즈넉하다. 새 옷 갈아입은 잎들이 비에 젖어 눈물을 뚝뚝 흘린다. 한쪽 모퉁이에 자리한 해우소解憂所는 '생태 뒷간' 이란 이름표와 '선남' '선녀' 로 구분된 것이 익살스럽고 곰살 맞다. 판자로 얼기설기 엮어져 대장뿐 아니라 마음까지 통풍이 잘 된다. 거미줄처럼 쳐진 연등에선 부처님의 설법 소리가 들리는 듯하다. 연등마다 겹겹이 가슴에 맺힌 소망의 불을 밝혀 부처님과 대화를 나눌 것이다. 보슬비를 맞으면서도 일행의 표정은 편안하고 환하다. 절집 흙만 밟아도 부처님의 가피를 입는 모양이다. 무언의 대화 속에 가야 할 길과 가지 않아야 할 길도 일깨워준다. 보광전 처마 아래 비를 긋는 참배객이 모여들었다. 솔바람 타고 들리는 풍경 소리와 L선생님의 구수한 문화재해설에 모두 귀를 쫑긋 세운다. 천 년을 하루같이 묵묵히 서 있는 석등과 석탑도 눈을 감고 경청을 한다.

천왕문을 나와 절 건너편 산을 쳐다보았다. 허리까지 감싸고 있던 비구름이 찬바람을 끌고 내려온다. 해탈교解脫橋 입구에는, 퍼질고 앉은 시골 아낙의 보퉁이에서 나온 취나물, 두릅, 곰취들이 봄을 팔고 있다. 구수한 사투리에 밀고 당기는 흥정의 재미도 쏠쏠했다. 도시에서 찾아온 손님에게 싱싱한 봄 향기도 담아준다. 팽팽하게 담긴 비닐봉지에 덤까지 넣어주는 투박한 손이 고향 어머니 같다. 더불어 사는 맛이 이런 것이 아닐까. 봄나물의 향긋한 냄새가 길 따라 퍼지고, 순박하게 살아가는 모습이 아름답다. 어디선가 목쉰 주모의 느린 육자배기 한 가락이 들리는 듯하다. '……산이로

구나 헤……' 오지 않는 임을 그리워하는 절절한 가사, 사랑하는 사람을 한없이 그리워하고 기다린다는 진솔한 서민들이 살아온 길이 보인다.

기린산을 등에 업고 넓은 평야를 앞에 펼친 만복사지에 도착한 것은 하오 두 시쯤 되었을까. 길에서 길을 찾고자 떠난 여행길이다. '아름다운 사랑 이야기'의 무대인 광한루에서 '사랑가' 한 마당으로 삶의 활력소를 얻고, '부질없는 사랑 이야기'의 현장인 만복사지에 서서 아득한 지난날을 추상追想해 본다. 하필이면 매월당은 경주의 금오산에서 수 백리나 떨어진 남원의 만복사를 배경으로 이야기를 만들었을까? 이승과 저승간의 사랑을 인연이라는 불교사상을 통해 연결한 소설이 '만복사저포기'이다. 어지러운 현실을 잊으려고 팔도를 주유하던 매월당이 구도의 행위로 그 지방의 설화에 옷을 입힌 것이리라. 가만히 풀밭의 주춧돌을 어루만지니, 그 옛날 스님의 독경소리가 들리는 듯하다. 오래 전 사라진 가람은 찾을 길 없고, 오층 석탑만이 그날의 영화를 기억하며 돌이끼를 껴안고 있다. 뭉툭하고 소박하나 고색창연한 석탑이 내게 말을 건넨다. 백 년도 못 되는 허망한 삶, 길이나 잘 찾으라고…….

길 한쪽에 귀양 온 듯 울타리가 쳐진 돌장승을 만났다. 몰지각한 인간의 잘못으로 허리까지 파묻혀 있어 애처롭다. 부리부리하고 뭉툭한 눈과 코, 툭 튀어나온 광대뼈에서 베잠방이 입은 시골 농부를 그려보았다. 착하고 소박한 삶만 살아온 이웃의 모습이리라. 이

동하는 일행의 얼굴에서도 선인들의 표정을 읽을 수 있었다.

'혼불 문학관'을 껴안고 있는 사위는 온통 초록세상이었다. 손가락으로 바위를 뚫어 글씨를 새기는 심정으로 한 장 한 장 원고를 쓴 작가의 혼을 생각하니 부럽기보다 소름이 끼친다. 처절하고 절박한 마음으로 길을 만들어 나간 작가 정신……. 쇠망치로 사정없이 내 정수리를 치는 것 같았다. 내 온몸에서 불꽃이 번쩍 일었다. 치열한 작가 정신이 영원히 빛날 문학의 꽃을 피운 것이리라. 세련됨 보다 투박한 처음의 마음가짐으로 살았으리라. 글쓰기란 바다에 돛을 올리고, 나는 얼마나 절실한 고민을 하였던가. 길은 어슴푸레 보이건만 손발은 움직이지 않았다. '근원에 대한 그리움'을 끊임없이 찾아 헤맨 작가 정신이 내가 갈 길을 밝혀 주는 듯해 무섭다.

소설 '혼불'의 연결고리가 되는 서도역에는 자운영 꽃이 앞서 반겨준다. 공금 횡령으로 파면당한 '강모'가 아내 '효원'을 두고 만주로 떠나는 출발지도 서도역이었다. 끊임없이 이어지고 풀어지는 이별과 만남의 장소. 두 줄기, 끝이 어딘지 모르게 엎드린 철길에 서서 먼 하늘을 쳐다보았다. 길은 멀리 산과 만나고 구름과 하늘 밖으로 펼쳐진다. 나는 지금 어디로 가고 있는가? 서늘한 바람 한 자락이 가져야 할 것과 버려야 할 것을 내게 되묻는다. 바쁘고 편리하다는 구실로 진정한 나를 잃어버리고 사는 것은 아닌가? 가야 할 길의 아득함 이전에, 선 자리조차 분명치 않음으로 인한 방향의 어지러움. 내 길에 대한 의미가 새로움으로 다가온다.

오늘 문학기행의 여정을 되짚어 보았다. 만남과 헤어짐, 사랑과 미움, 그리고 선인들의 삶과 가르침이 새록새록 떠오른다. 차창에 기대어 눈을 감으니 갈 수 없는 길과 가고는 오지 않을 길이 어슴프레 펼쳐질 뿐이다.

귀신사여, 귀신사여

햇살이 단풍잎에 미끄러지는 하오 4시경, 좁은 마을길을 돌아 두어 번 덜컹거리던 버스가 귀신사 입구에 도착했다. 하필이면 귀신사라 이름 지었을까. 한참이나 갸우뚱하던 나는 안내 팻말을 보고 믿음으로[信] 귀의한다는[歸] 절집[寺] 이름을 이해할 수 있었다.

절 마당에 들어서자 단청이 하나도 없는 말끔한 대적광전의 정경에서 시골의 외가에 들어온 착각에 빠진다. 가지런하게 줄을 맞춘 기와를 보고 있으니 마음이 편안해지며 부처님의 음성도 들리는 듯하다. 한쪽에 정리된 주춧돌과 석재들이 옛날의 영화를 짐작하게 할 뿐 경내는 고즈넉하다. 최근에는 단청 때문에 신비스런 맛도 고전적인 멋도 사라진 절이 많다. 요란한 단청에서는 어설프게 화장한 여인의 모습만 떠오를 뿐, 단아한 절제미와 무엇인가 말로 표현할 수 없는 고풍스러운 아름다움은 좀처럼 찾을 수가 없기 때문이다.

입구에서 만난 두 마리의 진돗개가 영리한 어린아이 같다. 처음 보는 객에게 스스럼없이 꼬리를 흔들며 반긴다. 이 절집의 분위기와 잘 어울리는 지킴이다. 마침 비로자나불을 모신 대적광전에서는 불공을 드리고 있었다. 파르스름한 머리와 갸름한 얼굴에 정갈한 조각상을 보는듯한 두 비구니가 지그시 눈을 감고 끊임없이 염불을 외고 있었다. 한 비구니의 안경 유리알에 비친 바깥 풍경과 합장한 두 손, 그리고 경을 외는 스님의 음성이 묘한 조화를 이루며 내 가슴에 파고든다. 이따금 바람결에 흩어지는 풍경소리가 속세에 물든 방문객의 가슴을 맑게 흔든다.

예전에는 있었는지 모르지만, 이 절 마당에는 당연히 자리해야할 석탑이 보이질 않는다. 대적광전의 뒤쪽으로 돌아 가파른 경사로 된 돌계단을 오르면 아름드리 고목들이 호위를 하는 평평한 구릉을 만난다. 댓바람 소리가 먼저 반기고 발갛게 익어 주렁주렁 감이 달린 감나무 가지가 축축 늘어져 있다. 울긋불긋 단풍으로 불타는 주변은 한 폭의 수채화이다. 이곳에 다른 절에서는 보기 드물게 석탑이 오랜 세월을 지키고 있었다. 제집을 탑 안에 지었는지 석탑 주위엔 대여섯 마리의 벌들이 쉴 새 없이 돌아다니며 방문객들을 경계한다. 예닐곱 발걸음 옆에 세상 어느 절에서도 볼 수 없는 기이한 유물이 긴 세월을 살아가고 있었다. 남쪽으로 엎드린 암사자 등에 올려져 있는 남근석이다. 두 개의 돌기둥으로 얹혀 약간 부자연스럽다.

하필이면 여기에 이런 것을 세웠을까? 귀두 부분이 반쯤은 닳아 나고 조금 어설프지만 그래도 형체가 분명하다. 상징성이 짙으리라. 안내문에도 분명히 남근석이라고 되어 있다. 아득한 옛날부터 아낙네들은 아들을 점지해 달라고 부처님께 빌고 그리고 여기에서 또 빌었으리라. 고추가 뭐기에 그들은 그렇게 원하고 바랬을까. 가만히 눈을 감고 옛날을 그려본다.

달빛이 은은하게 비추는 날 한밤중, 아들 없는 아낙네 서너 명이 절 마당에 들어선다. 얼마나 설움의 날을 보냈을까. 수심이 가득 찬 얼굴에는 핏기가 없고 파리하다. 대적광전에 들러 부처님께 기원하고 절 뒤쪽의 남근석으로 올라간다. 하염없이 합장하는 그녀들의 마음속은 까맣게 타들어가고 눈물이 끊임없이 흐른다. '부처님! 신령님!' 을 밤이 이슥하도록 빌고 비는 그들의 마음을 돌조각이 알 수 있을까. 옆에 서 있는 석탑의 어깨 위로 비스듬히 비치는 달빛만이 안타까운 표정으로 그들을 어루만진다.

같이 온 여자회원들이 재미있는 듯 한 번씩 만져본다. 웃음 짓는 얼굴마다 아들과는 아무 관련도 없이 즐겁고 신기하게 생각할 따름이다. 안내판에도 아들을 점지한다는 얘기는 없고 음기가 강한 땅의 나쁜 기운을 막기 위해 남근석을 세웠다고 적혀 있다. 절의 위치가 풍수 지리학적으로 개의 음부를 닮아 음기陰氣가 세다고 전해진다. 이를 양기陽氣로 막으려고 남근석을 세웠다고 한다. 호기심에 나도 이 석 자를 넣고 삼행시를 읊어보았다.

남자가 뭐길래 고추가 뭐길래
근본도 알 수 없는 돌조각에 빌고 비니
석탑에 걸린 조각달 빙그레 미소 짓네

석양 속의 고속도로를 미끄러지는 차창 밖은 물감을 엎지른 듯하다. 색색으로 타는 단풍들이 능선에서 능선으로 물결친다. 바람 한 줄기 불 때마다 온 산은 움찔거리며 세상을 흔든다. 눈을 감고 차분히 오늘 여정을 돌아보았다. 우리네 삶도 저 나뭇잎처럼 살아가는 것이 아닐까. 한 때는 싱싱한 젊음으로 삶을 푸르게 물들이고 계절이 바뀌고 성숙한 색으로 옷을 갈아입고 머지않아 다가 올 겨울을 위해 제 잎을 갈무리할 것이다.

귀신사歸信寺에서 만난 진돗개도, 절 모퉁이 평상 위 볕에 말리는 감 말랭이도, 합장하고 있는 비구니도, 석탑을 지키던 말벌들도 모두 인연의 한 자락이다. 만나고 사랑하고 느끼고 생각하면서 삶은 천천히 단풍 속으로 사라진다. 우리네 내일이 어떻게 다가올 지는 아무도 모른다. 자신의 마음속에 세상의 아름다움과 고난이 있을 뿐이다. 믿음[信]으로 귀의[歸]해야 내일의 길[道]을 밝힐 수 있을까. 어둠 속을 달리는 버스의 불빛만이 내 길을 환하게 밝힌다.

금강 물빛에서 나를 만나다

평화롭다. 나는 지금 금강 상류 물이 모여 만든 대청호 들머리에서 있다. 세상 어디에서 이런 고요를 만날 수 있을까? 옥천 구읍에서 37번 국도를 타고 속칭 '향수 30리' 길을 반 시간 정도 달렸을까? 정지용의 시 세계를 압축적으로 나타낸 '멋진 신세계' 를 동기로 만든 '향수 테마파크' 에 들어섰다.

'프란스 광장' 너머 눈앞에 펼쳐진 강물은 여유와 정적, 아늑함이었다. 잔잔한 물결은 그 어떤 속됨도 섞일 틈이 없이 느긋하게 몸을 뒤집는다. 허연 갈대숲 사이로 새파랗게 돋아나는 잔디와 풀잎, 새싹들. 연둣빛 잎으로 눈을 비비는 버드나무와 물푸레나무도 방금 붓질을 마친 듯하다. 금강을 안고 걷는 이 길은 '일곱 걸음 산책로' 로 불린다. 강기슭 따라 조성된 시작품을 만나는 통로이다. 꽃도 길도 문우들도 한편의 시속에 어우러진다. 잠시만 걸어도 풍경에 동화되어 마음조차 파랗게 물든다. 아직 꽃이 피진 않았지만, 튤립들이 작은 군자란 잎처럼 줄지어 심어져 있다.

지용의 시와 '지용 문학상'을 받은 작품들이 다양한 글씨체로 되살아나 걸음을 멈추게 한다. 눈길 돌리는 곳마다 시가 있고 강물이 있고, 아름답고 감성이 풍성한 글벗이 있어 더욱 가슴 설렌다. 앞서 가던 한 문우가 어떤 작품 앞에서 심각한 표정에 빠져 있다. "정말 이 시는 가슴에 와 닿네요."라는 말에 나도 천천히 읽어 보았다. 조오현 님의 시 '아득한 성자'라는 글이다.

> '하루라는 오늘/오늘이라는 하루에//뜨는 해도 다 보고/지는 해도 다 보았다고//더 이상 더 볼 것 없다고/알 까고 죽는 하루살이 떼//죽을 때가 지났는데도 나는 살아 있지만/그 어느 날 그 하루도 산 것 같지 않고 보면//천년을 산다고 해도/성자는/ 아득한 하루살이 떼'
>
> – 〈아득한 성자〉 전문

넉넉하고 즐겁던 마음이 갑자기 숙연해진다. 산다는 것이 무엇일까? 오늘 이렇게 문학 기행을 떠난 것도 다 하루살이의 몸짓일까? 천 년을 산 성자도 돌아보면 아득한 하루살이라고 하거늘 나는 오늘 무엇을 찾아 이렇게 퍼덕거리는 것일까? 허망한 생각이 꼬리를 물고 일어난다. 고개를 돌려 강물을 바라보았다. 잠시 생각이 싹을 낳고 잎을 피우고 하였건만, 물결은 처음 본 그대로 잔잔히 연둣빛 초록 사이에서 반짝일 뿐이다. 그렇다. 그는 그이고 나는 나이다. 나는 존재하는 자체로 가치를 가지고 있을 것이다. 그리고 살아간다. 인격을 가진 한 생명체로서의 삶을. 삶 자체에 고마움을 느끼고 아름다움을 누리고 더불어 살아가는 것이다.

문득, 얼마 전에 유명을 달리한 한 인기 연예인을 떠올린다. 무엇이 부족해서 그는 생각을 달리한 것일까? 인기가 없어서, 경제력이 모자라서일까? 물론 그가 겪고 있던 말 못할 고충을 우리가 다 알 수 있는 것은 아니다. 충분히 이해를 한다고 해도 그의 선택은 옳다고 볼 사람은 없을 것이다. 그 어떤 사람이라도 한 꺼풀 도려내면 아픔과 어려운 사연이 겹겹이 있는 것이 우리네 삶인 것을. 조금만 더 생각하면 마음이 바뀔 텐데. 생명의 존엄성이나 삶에 대한 철학이 부족해서가 아닐까?

지난 2월 하순, 호주판 오체불만족으로 불리는 '닉 부이치치' 가 한국을 찾았다. 양팔과 다리가 없는 29세의 젊은이가 전하는 행복의 메시지에 우리는 환호를 보냈다. "내 삶을 사랑합니다. 나는 행복합니다."라며 환히 웃으며 말하는 모습에 모두가 감동의 눈물을 흘렸다. 일반인들과 똑같이 생활하고 긍정적으로 살아가는 그를 보면서 우리는 많은 생각을 하게 되었다. 마음의 중요성이었다. 몸이 아니라 마음이 가장 소중한 존재란 것을.

'프란스 광장' 에서 출발한 우리는 어느덧 시문학광장의 끝자락에 도착했다. 이곳은 최초의 모더니스트 정지용을 기념해서 이름붙인 '모던광장' 이라 한다. 조금 떨어진 곳에서 보면 한쪽 끝이 살짝 들린 원고지 한 장처럼 보이도록 한 것이라고 하지만, 내 눈에는 비스듬한 눈썰매장처럼 보였다. 아래는 '모던가게' 가 있어 여러 시집과 기념품을 판매하는 곳이다. '모던광장' 바닥은 납작한

타일 수만 개로 이루어졌는데 하나하나가 원고지 한 칸으로 표현된 좀 독특한 구조물이었다.

금강이 바라보이는 '모던광장'에서 잠시 휴식하던 중 즉석 공연이 펼쳐졌다. 소리를 좋아하는 내가 문우들의 청으로 판소리 한 곡을 부르게 되었다. 사실 어떤 노래든지 야외의 확 터진 곳에서는 부르기가 어렵다. 소리가 사방으로 흩어지기 때문이다. 단전 아래서 나오는 내공의 힘이 강해야 음을 소화할 수가 있다. 복식호흡도 잘 못하는 내가 '어쭙잖은 솜씨로 해서 될까?' 하는 생각은 멀리 달아나고, 용기를 내어 '사철가'를 공연했다. 사실 가사 속에 숨은 선인의 마음을 음미하며 자신을 돌아보며 부르는 소리이다. '인간이 모두가 백 살을 산다고 해도 / 병든 날과 잠든 날 / 다 제하고 나면 / 단 오십도 못 살 인생 / 아차 한번 죽어지면 / 북망산천의 흙이로구나…….' 살아있는 오늘의 소중함을 절절히 느끼게 하는 구절을 절절히 토해낸다.

돌아오는 길은 찌푸린 차창 밖의 하늘이 낮게 다가온다. 스치는 산마다 진달래가 절정이다. 눈을 감고 오늘 여정을 돌아본다. 문학이라는 배를 타고 수필의 인연으로 교감을 함께한 문우들이 사랑스럽다. 한 줄의 글 속에 살아온 삶을 풀어놓는 글쓰기 만남. 내면의 고백하기를 통해 자신을 치료하는 것이리라. 고요하고 아늑한 강 풍경이 되살아난다. 연두와 초록, 흰 빛깔이 조화를 이루어 동영상 되어 지나간다.

사랑은 섬을 낳고, 그리움은 바람에 스친다

여행은 세상을 보는 눈이다. 길 위에서 사람을 만나고 자연을 배우고 지혜의 눈을 뜨는 것이 삶이라고 생각한다. 여행을 통해 내 안의 나를 깊이 관조하고, 더불어 살아가는 삶의 아름다움을 맛 볼 수 있을 것이다. 저만치서 나를 돌아보는 가장 좋은 방법은 여행이 아닐까. 마침 육지와 바다를 아우르는 여행 기회가 생겨, 설레는 마음으로 새벽 관광버스에 몸을 실었다.

'인간이 모두가 백 살을 산다고 해도, 병든 날과 잠든 날, 걱정근심 다 제하면 단 오십도 못 살 인생, 아차 한번 죽어지면 북망산천의 흙이로구나.' 통영 앞바다를 굽어보며 비스듬히 누워있는 팔각정. '식송정植松亭' 위에서는 중모리장단의 '사철가' 가 목쉰 주모의 탁배기 한 잔 같은 우리의 삶을 풀어내고 있었다. 문학기행의 오후 일정은 은빛 햇살타고 미끄러지는 쾌속선 고동소리로 출발한다.

힘찬 날갯짓으로 차오르는 백조 같은 쾌속선은 멀어지는 물거품을 뒤로하고 바다를 질주한다. 녹차 한 잔이 식어갈 무렵 도착한 한산섬. 제승당 가는 길은 팽팽하게 당긴 활처럼 구부러진 방파제로 이어진다. 핏빛 울음의 꽃은 보지 못하고, 초록바다를 닮은 동백만 늦가을 참배객들을 맞이하고 있다. 짙푸른 소나무 병풍으로 둘러친 사당 뜰에는 풀잎 말라가는 향기만 숙연하다. 충무공 영정 앞에 고개 숙여 경건하게 공을 추상해 본다. 문화해설사의 한 마디 한 마디가 가슴을 찌른다. 사백 여 년 전 임진왜란 전투가 눈앞에서 살아난다. 나라를 구하시겠다는 충성과, 효성에 곡진한 공의 마음이 절절히 안긴다.

수루戍樓에 앉아 바다를 내려 보았다. 역사의 물결은 꿈같이 흘러가고 말 없는 바다는 하늘과 맞닿아 있다. 푸른 물결에 눈을 맡겨 갈매기 몇 마리 선회하는 곳을 따라가니, 사백 여 년 전 역사의 현장이 생생하다. 눈을 감고 지그시 그날을 돌아본다. 치밀한 작전계획을 세운 공은 70여척의 왜선을 한산섬 앞바다로 끌어들였다. 포구가 좁고 암초가 많은 견내량에서는 승리를 가늠하기 어렵다는 판단으로 넓은 한산 앞바다로 유인한 것이다. 왜적을 호령하던 공의 음성이 들리는 듯하다. 한 치도 양보할 수 없다고 지휘하시는 구릿빛 얼굴은 서릿발 같이 준엄하다. 분노에 떨리는 눈썹과 부릅뜬 눈, 도주하는 적선을 끝까지 내몰아치는 목소리엔 비장함마저 감돈다. 학이 날개를 펼친 진법을 써서 그물속의 고기를 잡아 올리듯 왜군을 몰살시킨 그 바다이다.

문득 오늘의 현실을 돌아본다. 글로벌시대에 맞추어 끝없이 달리던 신자유주의의 추락으로 몸살을 앓는 살림살이가 어둡다. 장밋빛 미래는 무지개처럼 반짝 보이다가 사라진다. 폭풍우 속의 난파선 같은 경제 쓰나미가 우리를 덮친다. 희망이란 내일의 빛이 보이지 않는다. 고독과 좌절과 모함 속에서도 오직 나라를 구하겠다는 일념으로 살다가 가신 충무공 이순신! 오늘따라 새삼 충무공이 절실히 그리워지는 것은 나만의 생각일까.

싸라기눈 같은 햇살이 산 능선에 걸려 스러질 무렵 통영의 문화거리를 찾았다. 통영향토역사관 입구에는 이국적인 느낌을 주는 팔손이들이 방문객을 맞이한다. 어제의 삶을 거울로 삼아, 내일의 살림을 설계하게 하는 많은 자료들이 눈길을 끈다. 갯바람에 등을 떠밀려 산책한 문화거리는 '청마' 선생의 '행복' 시비가 있는 중앙우체국 옆으로 연결된다. 통영의 문화거리는 과거와 현재가 더불어 숨 쉰다. 옛 건물들과 신축건물들의 어색한 만남이 있지만, 부조화속의 조화로 도시는 역사를 이어간다. 구부러져 확장 안 된 옛길을 따라 푯돌 몇 개로 자취를 연결해 놓았다. 퍼즐 풀어가듯 예술가의 흔적을 찾아가는 재미도 쏠쏠하다. 좁은 골목을 걷노라면 굵은 안경테에 바다를 굽어보고 있는 '청마' 유치환 선생과, 시조의 새 길을 여신 '초정' 김상옥 선생의 낭랑한 목소리도 들리는 듯하다.

바다가 있고 산이 있고, 꿈이 있고 그리움이 숨 쉬는 통영. 애환과 사연을 첩첩이 간직한 통영 앞바다는 모든 그리움의 산실이다. 한세월 치열한 자신과의 싸움에서 옥구슬 같은 작품들이 쏟아진 곳이다. 가난과 외로움의 시대에 마주 선 시인과 소설가, 미술가들이 혼을 불사른 예술가의 도시. 시대가 그들을 낳았고 바다와 외로움이 그들을 키웠으며, 세월이 그들을 기억하게 한 항구이다.

글의 만남으로 사랑과 기다림을 배우고, 기행을 통해 외로움과 그리움을 살찌우는 시간이 시나브로 매듭을 짓는다. 오늘 행사의 백미인 삼행시 백일장이 열린다. 시제는 아! 통영. 잔잔한 음악에 잠겨 생각을 다듬는 문우들의 펜 소리만 사각사각 지나간다. 하루를 살아도 천년을 산 것처럼 바다와 파도와 섬이 한 걸음에 다가온 날. 아득한 그날을 상상하며 마음이 먼저 한산섬 앞바다로 풍덩 빠져든다.

아스라이 수놓은 섬들은 어깨 치고
통영 물결 은빛 파도 한산섬이 껑충 뛰니
영원한 충무공 미소 동백 젖어 붉게 탄다

차창 밖에 스치는 은행나무 잎들이 노란 나비로 날아다닌다. 어둠속에서 독감보다 짙게 앓고 있는 가을이 지나간다. '문학이란 무엇인가.' 하고 혼자 생각이 깊어진다. 다도해의 수많은 섬들이 펼쳐진다. 모두가 그리움의 대상이고 사랑의 실체이다. 둥둥 떠다니는 듯한 뭇 섬들이 눈에 들어온다. 서늘한 한기 속에 정신이 또렷해진다. 문득 망망대해 무인도에 홀로 앉아 있는 것 같다. 한 점 불빛도 바람도 없는 절대고독의 시간이다. 치열한 외로움이 없이는 예술이 이루어질 수 있을까 생각한다. 사랑과 그리움, 외로움이 글을 만들고 그림을 그리고 자신을 완성한다. 나를 찾는 길은 구도의 길이다. 멀고 먼 산길을 돌아 한 가닥 또렷한 빛을 찾을 때, 사랑은 섬을 낳고 그리움은 바람에 스친다.

'흐르는 강물'의 삶을 기리며

세 시간 남짓 달렸을까? 잿빛 구름 속으로 내민 하늘이 푸른 보석 같다. 출발할 때의 날씨 걱정은 말끔히 사라지고 길 떠나는 즐거움에 콧노래가 절로 나온다. 원주의 '박경리 문학공원'의 첫인상은 새벽 샘물같이 맑다. 삽상한 가을바람이 먼저 반겨준 탓이리라.

유리창에 푸른 커튼이 쳐진 '문학의 집'으로 들어선다. 2층 벽에 살아온 역사가 전시되어 있다. 선생의 일생이 빛바랜 젊은 시절의 흑백사진부터 출발한다. 컬러사진으로 바뀌면서 운명하실 때까지의 순간들이 벽에서 나와 인사를 한다. 연보를 읽으면서 선생의 걸어간 길을 상상해본다. 결코 평탄하지 않았던 선생의 삶에서 짜릿한 전율이 전해온다. 오직 글을 쓰지 않고서는 순간을 지탱할 수 없을 만큼 치열했던 삶이 무겁게 다가온다.

대하소설 '토지'를 들어보지 못한 사람은 드물 것이다. 이 글은 단순히 일제강점기 그 시절을 전하고 일깨우기 위해 쓴 것만은 아니라고 한다. 이 세상 살아가는 사람사이에 일어나는 삶의 부조리, 그것에 대응해 살아남은 모습과 존재의 본질이 주는 것이 무엇인가를 함께 생각해보자는 것이 작가의 이야기이다. 진열장 속 펼쳐진 책에서 주인공들이 불쑥 나와 내 어깨를 툭 칠 것 같다. 1부에서 출발한 주인공 '서희'가 4부 5부로 책장이 넘겨질 때까지 행적을 눈을 감고 그려본다. 길고도 험난한 고통과 인욕의 삶이었으리라.

'그대는 사랑의 기억도 없을 것이다/ 긴 낮 긴 밤을/ 멀미같이 시간을 앓았을 것이다/ 천형 때문에 홀로 앉아/ 글을 썼던 사람/ 육체를 거세당하고/ 인생을 거세당하고/ 엉덩이 하나 놓을 자리 의지하며/ 그대는 진실을 기록하려 했던 것인가//'

중국의 역사가 사마천을 생각하며 쓴 이 글을 마주하니 눈물이 뚝뚝 떨어질 듯하다. 절벽 끝에 매달린 듯한 절박함이 없이는 글을 쓰지 못하였으리라. 치밀어오는 가슴을 진정시킬 수 없어 혼자 가만히 밖으로 나왔다.

'목에 힘주다 보면/ 문틀에 머리 부딪쳐 혹이 생긴다/ 우리는 아픈 생각만 하지/ 혹 생긴 연유를 모르고/ 인생을 깨닫지 못한다// 낮추어도 낮추어도/ 우리는 죄가 많다/ 뽐내어 본들 도로무익徒勞無益/ 시간이 너무 아깝구나//'

박경리 선생의 시 〈시간이 아깝다〉

'문학공원 전시실' 2층 계단에 걸린 시를 읽으면서, 왜 그녀는 이토록 어려운 길을 택했을까 가늠해본다. 보통 사람들이 가지 못하는, 아니 가려고 해도 도저히 갈 수 없는 험한 가시밭길을 걸어갔을까? 정신의 힘이 아닐까? 선생만의 맑은 영혼이 있었기에 편안한 '흐르지 않는 강물'을 버리고, 불편하지만 진취적인 '흐르는 강물'을 선택했으리라. 현실의 삶은 어려웠지만 우직한 정신이 글을 쓰게 만들었다고 짐작된다. 그리고 그 우직함이 세상을 조금씩 변화해 간다.

'박경리 선생의 옛집'에 들어섰다. 빨간 맨드라미들이 환하게 맞아준다. 편안히 휴식을 취하고 있는 선생과 고양이의 전신상이 너럭바위에 앉아있다. 마당 한쪽의 손수 가꾸던 텃밭에는 채소와 꽃들이 풋풋하다. 아치형으로 만든 통로에는 아이 팔뚝만한 수세미와 조롱박이 주렁주렁 달려 생전의 그날처럼 싱싱하게 여물어 가고 있다. 바람 한 장 불어오니 흔들리는 잎에서 그녀의 모습이 겹쳐진다. 신을 벗고 마루에 들어섰다. 장지문과 손때 묻은 아담한 책상에서 선생의 체취가 흠뻑 풍겨 나온다. 낮에는 텃밭 가꾸기에 지친 몸이지만. 밤마다 희미한 불빛 아래 원고지를 놓고 고심하며 글을 쓰고 있는 모습이 눈에 선하다. 작중인물의 성격을 구상하는 눈빛은 가을물처럼 차갑다. 밖에는 온갖 짐승 소리와 문풍지를 흔드는 매서운 바람도 요란했으리라.

집 둘레에 토지의 배경으로 만든 '평사리마당'과 '홍이동산' '용두레벌' 로 천천히 걸음을 옮겼다. 발길 닿는 곳마다 소설 속의 주인공이 떠오른다. 간도 용정의 분위기를 살린 일송정과 용두레 우물을 보니 마치 만주 벌판을 거니는 것 같다. 깊어가는 가을날, 텅 빈 가슴을 채울 그 무엇을 찾아 떠나온 나그네의 마음이 아련해진다. 마침 일송정 아래 잔디밭에는 어린아이를 데리고 소풍 나온 가족이 오순도순 점심을 먹고 있었다. 다정하고 사랑스럽다. 소설속의 용정과는 달리 풍요 속에 살아가는 오늘이 대비되어 그들의 모습이 더욱 정겹다.

문득 일송정 위의 하늘을 우러렀다. 뭉게구름이 푸른 솔에 걸려 있다. 아름답다. 그리고 평화롭다. 푸르다 못해 짜릿한 하늘을 보며 생각의 싹을 키운다. 선생의 글에서처럼 부조리가 없는 삶은 없을 것이다. 때로는 좌절하기도 하지만, 맞서서 살아남은 자들의 삶이 눈부시다. 그들을 통해 존재의 가치와 본질을 생각해 본다. 흐르는 강물보다 흐르지 않는 강물 같은 삶을 살아온 내가 부끄럽다. 닮고 싶지만 쉽게 가까이 갈 수 없는 것이 선생의 삶이다. 나는 오늘 무엇을 위해 여기에 왔는가? 내가 보고 느낀 것이 무엇일까? 선생의 삶을 보고 내가 걸어가야 할 길은?

그저 아득할 뿐 아무것도 생각나지 않는다. 흰 구름 한 장 천천히 흘러가고 있다.

내 삶의 영원한 등대 〈학원〉잡지

"신○○, 책상 밑에 보는 책 가지고 나와. 야, 이놈! 지난주에 도 〈학원〉을 읽다가 지적되었지. 도대체 나중에 무엇이 되려고 수업시간에 딴 짓을 하고 있어. 복도에 나가 꿇어앉아있어."

우리 학교에서 제일 무서운 호랑이로 불리는 수학선생님 시간이었다. 이번 달에 새로 나온 〈학원〉을 몰래 읽다가 두 번이나 걸리게 된 것이다. 벌쓰면서도 내 마음은 책 내용을 생각하는 즐거움으로 기분이 상하지 않았다. 책읽기를 유난히 좋아하던 나는 초등학교 다닐 때부터 틈만 나면 동화책이나 역사책의 내용에 젖어 있었다. 그러다가 중학교에 들어오고 나서 새로 만난 〈학원〉이란 잡지의 매력에 푹 빠져 버렸다. 이 한권의 책이 영원한 내 삶의 지표이자 애인이 되어버린 것이다.

중학교에 입학한 새내기 시절 도서관이라는 곳을 처음 알게 되었다. 1960년대 중엽인 그 때는 대부분 학교가 중 고등학교 병설로 학생 수가 많았다. 내가 다닌 학교는 대구의 사학 명문으로 소문난

학교였기에 다른 학교보다 도서관 장서량이 많았고 시설도 비교적 잘 되어 있었다. 요즘과 같은 개가식 도서관이 아니고 대출카드로 도서부원들을 통해 책을 빌리는 폐가식으로 운영하고 있었다. 여기서 내 운명을 바꾸게 된 〈학원〉이라는 잡지를 만나게 될 줄이야. 처음 그 잡지를 펼쳐보던 날, 지적 호기심과 새로움에 굶주려 있던 나는 두 눈이 휘둥그레졌다. 이런 다양한 세상이 있나 하면서 그날 밤을 꼬박 〈학원〉과 함께 지샜다. 연재만화, 탐정 소설, 순정 소설, 시, 에세이, 화보 등 책장을 넘길 때마다 펼쳐지는 새 세상과의 만남을 통해 내 인생은 한층 성숙한 다른 궤도로 접어들었다.

그 당시는 변변한 잡지가 없던 시대라 〈학원〉은 우리에게 가장 인기가 있는 책이었다. 문제는 어떻게 하면 〈학원〉을 빨리 빌려 볼 수 있을까 하는 것이 제일 중요한 일이었다. 매달 발간되는 〈학원〉을 도서관에는 열 부 정도만 사들였기에, 새달이 되어 대출을 신청해도 다른 학생이 대출중인 경우가 많았었다. 나중에 알고 보니 새 책이 들어오면 도서부원들이 먼저 대출을 한다고 하였다. 편법이었지만 묵시적인 그런 특혜가 있었다. 그들이 돌려보고 나서 일반 학생에게 대출해 주었기에 좀 늦게 빌려볼 수밖에 없었다. 그래서 나도 도서부원이 되기로 마음먹었다. 중학교에 들어온 지 얼마 되지 않는 신입생이라 도서부원을 어떻게 뽑는 줄도 몰랐었다. 다짜고짜로 도서관 담당선생님을 찾아가서 도서부원으로 시켜 달라고 졸랐다. 그러나 이미 선발기한이 끝났기에 안 된다며 내년 초에 다시 신청을 하라고 하셨다. 무척 섭섭했지만 어쩔 수 없이 다음 해를 기다릴 수밖에 없었다. 사실 도서부원은 점심시간과 방과 후에 도서 대출과 반납을 담당하는 봉사활동이 주목적이다. 그러나 나는 읽고 싶은 책을 먼저 마음대로 읽을 욕심으로 희망했던 것이다. 물론 다른 책도 많이 읽었지만, 당시는 오직 〈학원〉을 먼저 읽을 욕심으로 그렇게 행동한 것이다. 결국 도서부원은 되지 못했지만 왕성한 지적 호기심과 탐구심을 채우기 위한 나의 노력 덕분에 과월호 〈학원〉도 거의 빠짐없이 섭렵하는 즐거움을 누렸었다.

처음에는 연재소설이나 만화, 탐방기사 등 흥미 위주로 읽기 시작한 〈학원〉이었다. 학년이 올라갈수록 자연스레 '학원문단' 의 시와 수필을 자세히 읽게 되었다. 교내 백일장에서 입상한 경력이 있던 나는 책 뒤편에 실려 있는 '학원문단' 이란 곳에 관심을 많이 뒀었다. 전국에서 문예에 관심과 열정 있는 학생들이 투고하면 기성작가나 시인들이 약간의 심사를 거쳐 발표하는 곳이었다. 연말에는 '학원 문학상' 이란 제도도 있어서 같은 문예반 후배들이 '우수작 1석' 또는 '가작' 으로 뽑히는 것을 보고 더욱 글에 대한 정열을 쏟게 되었다. '학원문단' 출신인 그들은 지금 여러 대학의 문예창작과 교수로 재직하면서 기성시인과 작가로서 후진을 양성하며 왕성한 활동을 하고 있다. '학원 문학상' 에는 응모도 못해 봤지만, 월간 '학원문단' 에는 두 번이나 내 작품이 뽑히는 영광도 얻었다. 체계적인 공부는 하지 않은 작품이었지만 간단한 평과 함께 또렷이 인쇄된 내 이름 석 자를 보는 순간 날아갈 듯이 기뻤었다. '대체로 깔끔하지만 감성에만 너무 빠지지 마라.' 는 그 평이 지금도 머리에 떠오른다. 친구들과 돌아가며 읽고 자랑도 하곤 했던 기억이 아스라하다. 그 당시 '학원문단'에 오르내린 이름들이 지금은 유명한 작가나 시인이 되어 활동하는 것을 종종 볼 수 있었다.

육 년 동안 한 학교에서 문예반 활동을 한 나는 고등학교를 졸업할 때까지 〈학원〉의 열렬한 팬이었다. 가정형편이 넉넉하지 못해 직접 구매를 하지 못했지만, 새달이 되면 누구보다도 먼저 〈학원〉을 빌려 읽고 문학 세상을 여행하는 것이었다. 당연히 진로도 사범대학 국어과를 지망하게 되었다. 나중에는 〈여학생〉이라는 잡지도 읽게 되었지만 〈학원〉의 그 첫 매력과는 비길 수가 없었다. 지금도 기억나는 순정 연재소설에 '여물어 가는 얼굴'이라는 작품이 있었다. 여자 주인공 '명명이'라는 인물에 동화되어 글을 읽는 동안 내가 그 소설 속의 한 인물이 되어 작중인물과 대화도 하고 그리워하고 사랑을 하기도 했었다. 대학에 들어가서는 그해 처음으로 간행된 〈문학사상〉이라는 잡지와 인연을 맺기도 했고, 또 다른 전문 문예지와 친해지려고 노력을 하였다. 하지만 〈학원〉만큼 내 인생을 흔든 책도 없을 것이다. 한창 감수성과 지적 상상력이 넘치는 중고등시절에 〈학원〉을 만나지 못했다면 지금 내 삶의 방향도 많이 바뀌었을 것이리라.

〈학원〉은 내 삶의 꿈이요 사랑이요 희망이었다. 현직 국어교사로 재직 중인 나는 요즈음도 학생들이 수업 중 다른 책을 읽는 것을 종종 적발한다. 그때마다 사십 년 전의 나를 발견하게 되고, 그들의 상상력과 지적 호기심에 나름대로 미소를 짓는다. 내 꿈과 사랑의 근본이 당시에 미친 듯이 읽은 〈학원〉을 통해서 이루어졌기에 그들에게 큰 꾸중은 하지 않는다.

빠른 속도로 변화해가는 정보화 사회로 갈수록 잡지나 책읽기가 더욱 필요하다. 한 권의 잡지가 미래의 다양한 삶을 살아가는 자양분이 된다는 것을 누구보다도 잘 알고 있다. 수업시간마다 나는 아이들을 돌아보며 다양한 삶의 보고寶庫인 책, 그 중에서도 종합매체인 전문잡지의 중요성을 얘기해준다. 꿈과 사랑과 행복한 미래는 그들이 지금 읽는 한 권의 잡지에 있다는 것을 누구보다도 잘 알고 있기에…….

달밤 1

우리 영화에 흑백영화가 차츰 사라지고 총천연색 시네마스코프가 보급되기 시작한 1960년대 초일까. '연산군'이라는 영화가 집 근처 극장에서 상영되어 엄마의 손을 잡고 관람을 하였다. 한창 절정부분으로 치닫는 중, 산골짜기로 유배된 폐비 윤씨가 외딴 초가에서 아들을 그리워하는 장면이 나온다. 소복차림에 머리에는 흰 헝겊을 두른 폐비가 툇마루 방문을 열고 앉아 탱자나무 울타리 위로 휘영청 떠오른 보름달을 보다가 아들을 부르며 각혈하는 장면. '달아 달아 밝은 달아, 이태백이 놀던 달아, 저기 저기 저 달 속에…….' 시공을 초월한 배경음악으로 들리는 아쟁 소리에 극장 안은 눈물범벅이다. 밝은 달에서 슬픔이 이입된 것일까. 아직도 그 밤의 감정이 내 삶 속에서 또렷하다.

달[月]이란 해[日]와 대비되는 존재가 아닐까. 해가 진후 달이 떠 있는 시간은 이성보다 감성의 활동이 더 활발하지 싶다. 청춘남녀가 사랑을 고백하는 일이나, 오랜 벗과 술잔을 부딪치는 것이나,

사색의 샘에서 글을 퍼 올리는 작업 등은 달 밝은 밤에 더 큰 효과를 나타낼 것이다. 살면서 달밤의 추억 하나 지니지 못한 사람은 없다고 본다. 사람에 따라 애틋하고 아름다운 일도, 사무치게 슬픈 사연도 품었을 것이다. 달은 밤의 영혼이자 감성의 뇌관이 아닐까. 취한 듯 홀리게 하는 마력 때문에 감정의 우물은 마르지 않는 모양이다. 애틋함, 그리움, 황홀함 등의 감성을 불러내는 주체가 달이 지닌 매력일 것이다.

달밤! 언제 생각해도 황홀하고 흐뭇하다. 영화 '나자리노'에서 늑대로 변신하는 장면도 떠오르고, 춘향이와 이 도령이 '사랑가'를 부르며 간절한 정을 주고받던 으스름도 그려진다. 그러나 소설 '메밀꽃 필 무렵'에서 허 생원과 조 선달이 *대화大和까지 팔십 리 밤길을 걸을 때의 정경이 가장 황홀하다. '짐승 같은 달의 숨소리가 손에 잡힐 듯이 들리며, 콩 포기와 옥수수 잎새가 한층 달에 푸르게 젖었다. 산허리는 온통 메밀밭이어서 피기 시작한 꽃이 소금을 뿌린 듯이 흐뭇한 달빛에 숨이 막힐 지경이다.' 나지막하게 읽다 보면 글 속의 달빛에 취해 나도 모르게 허 생원 당나귀 뒤를 따라 걷는다.

삼십 년도 훌쩍 넘은 일이다. 달빛에 취해 길을 나선지 한 시간가량 되었을까. 쏘는 듯한 달빛에 얼굴이 따가워 문득 정신을 차린다. 그 당시 *법전法田에서 *춘양春陽 가는 길은 포장이 되지 않은 흙길이었다. 사범대학을 갓 졸업한 산골 올챙이 교사시절, 산 중턱

외딴집에 방을 얻었다. 주인이 사는 윗집과는 꽤 멀리 떨어져 있고, 주위에는 다른 건물도 없었다. 방 옆으로 잠시 돌아가면 오래된 무덤 한 기만 쓸쓸히 있고, 밑으로는 다랑이 논으로 연결된 산허리에 지은 한옥이다. 5월 중순, 음력으로는 보름을 턱밑에 둔 날이지 싶다. 봉창 밖으로 눈이 내린 듯 달빛이 너무 환하다. 옆 논에서는 개구리들이 합창대회 연습을 하는지 왁자그르르하다. 지글지글 맛있는 음식 요리하는 소리 같기도 하고, 계곡 돌 틈으로 다투어 흘러가는 물소리인 듯도 했다. 도시서 자란 나는, 처음에는 많이 당황하고 무서웠다. 밖의 요란한 소리는 개구리 울음이니 별 걱정하지 말라는 주인아주머니의 얘기가 없었다면 한참 두려움에 떨어야 했다.

개구리 소리가 요란해서일까, 책을 펼쳐도 머리에 들어오지 않았다. 문풍지 뚫고 들어온 달빛이 너무 강해 잠을 청할 수도 없었다. 밖으로 나와 툇마루에 앉았다. 멀리 쭉 뻗은 도로를 따라 미루나무가 두 줄로 사열을 하듯 고요히 서 있고, 그 위로 뿌연 달빛이 들어붓고 있었다. 산길을 걸어 내려온 아카시아 꽃향기에 온 몸이 감전된다. 달빛에 취한 풍경은 자욱한 안개 나라 속에 들어온 것 같았다. 한낮의 정취와는 전혀 다른 신비한 세상이다. 달이 자꾸 부르는 것 같아 운동화를 신고 달빛을 따라나섰다. 황톳빛 국도는 이따금 지나가는 트럭만 뿌연 먼지를 날린다. 은빛에 젖은 흙길이 뽀얗게 반사되어, 마치 푸른 셀로판지를 통해 본 한낮의 풍경 닮았다. 춘양 가는 길을 따라, 아니 하늘의 달을 따라 천천히 걸었다. 길옆

논에서 밤의 정령들이 숨을 죽이고 나를 지켜보는 것 같았다. 달빛을 뒤집어쓴 미루나무들이 이따금 그림자를 일렁거리면서 힐끔힐끔 내려다본다. 내가 길을 걷는 것이 아니라, 달빛으로 엮은 끈이 나를 당기는 것 같았다. 아무 생각 없이 걸음을 옮겼다. 강한 달빛이 나를 묶어서 끌고 가는 듯하다.

달이 서쪽 산능선 정수리에 기댈 즈음 문득 정신이 들었다. 내가 지금 어디로 가고 있단 말인가. 눈을 질끈 감았다가 다시 떴다. 주위를 살펴보니 온통 무생물의 세상이다. 움직이는 것은 달밖에 없다. 적막 고도에 혼자 내 던져진 것이 아닐까. 밝은 달빛에 홀려 걸어왔지만, 그 분위기에서 깨고 나니 겁이 덜컹 난다. 돌아갈 길이 십여 리나 되고 눈앞이 캄캄하다. 기울어진 밤, 달빛은 빠른 걸음으로 달아나고 돌아선 걸음은 더디고 불안하기만 하다. 길가 논배미에서 우는 개구리 소리만 왁자그르르하다가 순간 조용하다. 저만치 돌아가니 또다시 왁자그르르 꾸짖는 듯한 소리를 들으며 황급히 걸음을 옮겼다.

올해 정월 보름달은 유난히 밝다. 수십 년 만에 드물게 보는 완벽한 둥근 달이라나. 달맞이 행사로 여기저기서 달집태우기를 한다고 매스컴마다 야단이다. 행사에 별 관심이 없던 나는 보름달을 신천 고가다리 위에서 맞이했다. 붉은 신호를 받아 정차한 시간, 동녘 산 위에서 둥그런 달이 성큼 올라온다. 그러다 내 입속으로 쑥 들어오는 것이었다. 갑자기 할머니 생각이 났다. 초등 시절 종손의

맏손자라고 정월 대보름날 달이 뜨면 내 손을 잡고, 동네 동산에 올라 두 손을 맞잡고 소원을 비시던 할머니. "부디 우리 손자 공부 잘하게 해 주시고, 아프지 않게 잘 보살펴 주옵소서."하며 연방 두 손을 합장하시던 할머니! 그 달 속에 둥그렇게 새겨진 할머니 얼굴. 가신 지 강산이 세 번이나 바뀌었지만, 쭈글쭈글한 주름살과 꼭 다문 입술이 환한 달 속에서 빙긋이 웃고 있었다.

오늘 밤도 달빛이 강렬해 늑골 아래까지 파고들어 짜릿하다. 달밤의 혜택은 빈부도 미추도 없이 모두에게 공평하다. 우러러 합장하니 마음은 평온해지고 따뜻해진다. 좌회전 신호를 받아 집으로 오는 길은 그 옛날 춘양 가던 달밤의 달빛이 전조등 불빛보다 성큼성큼 앞서간다.

*법전法田 *춘양春陽 : 경상북도 북부 봉화군내의 지명.
*대화大和 : 강원도 중부의 지명.

달밤 2

사월 날씨에 코끝이 시리다. 백 년 만의 이상기온이라나. 변덕이 너무 심하다. 하늘이 노했나? 자연스런 기상현상일까?

늦은 저녁을 먹고 아내와 신천둔치로 산책하러 나갔다. 한 시간 전만 해도 오락가락하던 비는 사라지고 봄을 시샘하는 바람만 빰을 때린다. 얼굴이 따갑다. 다른 날 같으면 사람들로 붐빌 시간이지만, 오늘은 몇몇 사람이 겨울복장으로 이따금 지나간다. 드문드문 서 있는 나무들이 트위스트를 친다. 그들도 이상 추위에 떨고 있나 보다.

언제부터인지 마스크로 얼굴을 가리고 걷는 사람이 많이 뜨인다. 오늘 같이 추운 날은 이해가 되지만, 포근한 날 밤에도 쓰고 다니는 것은 좀 이상했다. 일전에 어떤 외국인이 이 장면을 보고,

"무슨 전염병이 돌고 있느냐? 모두 독감에 걸렸는가?"

하며 의아하게 생각하더라는 것이다. 우리나라 사람만 지닌 속성

일까, 양면성일까? 많이 드러내기를 좋아하는 면과 누구인지도 모르게 감추고 사는 마음이 양립하는 것일까? 그 속내를 알 수가 없어 생각의 날개를 달았다.

늘 좋아하다가 갑자기 그림자도 보기 싫을 정도로 미워진다는 말을 들은 적이 있다. 제 삼자의 처지에서 보면 쉽게 이해가 안 된다. 한때는 죽기 살기로 사랑한다고 하다가, 하루아침에 싹 돌아서서 꼴도 보기 싫다고 한다. 곰곰이 생각하면 '그럴 수도 있겠구나' 하고 조금은 수긍이 되기도 한다. 사람은 누구나 상반되는 두 가지 심성을 가지고 살아가지 싶다. '내가 나를 모르는데 네가 나를 어찌 알겠느냐. 한 치 앞도 알 수 없는 세상…….' 이라는 노랫말이 이를 대변해주는 것이리라.

한 시간 남짓 걸었을까? 마침 오늘이 음력 보름이라 둥근 달이 휘영청 밝다. 마음이 덩달아 환해진다. 빗물이 고인 산책길 웅덩이에도 달이 뜬다. 바람결에 빗살무늬 지는 강물에도 은접시가 일렁인다. 조각구름 두어 장 빠른 걸음으로 하늘을 지나간다. 뺨에 스치는 바람은 차갑지만, 정신은 또렷하다. 저 달처럼 환하게 살 수 없을까? 같이 걷던 아내의 걸음도 느려진다.

"저 달빛이 가장 아름다울 때가 언제인지 알아요?"

엉뚱한 아내의 물음이다.

"글쎄, 지금이 아닐까."

"아니 구체적으로 말을 해야지."

"뭘 구체적으로야. 그럼, 청춘남녀가 몰래 만나 밤늦게 데이트 할 때인가?"

"저기 일렁이는 나무 있잖아. 그 가지와 가지 사이를 지나갈 때가 가장 아름다워."

나이가 들수록 유치하게 살아가라는 말이 생각나 피식 웃는다. 때마침 둥그런 달이 바람에 살랑거리는 나무 사이로 들어간다. 우리는 한참이나 서서 말없이 지켜본다.

산책길 건너편의 숲이 싱그럽다. 새잎으로 갈아입은 나무들이 춤을 추며 눈에 빨려든다. 저 짙은 연초록의 물결! 사랑스럽다. 풍덩 빠지고 싶을 만큼 아름답다. 한참 보고 있으니 눈물이 핑 돈다. 가슴 밑바닥까지 시원하다. 새로 핀 잎은 저렇게 아름다운데 나는 해마다 어떻게 살아왔는가. 깨우침을 주지만 따르지 못하는 자신이 부끄럽다.

비가 온 뒤라 그럴까? 보름달 속이 훤히 보이는 듯하다.

"야, 저기 계수나무 잎도 보이네."라고 하자, 아내는

"토끼가 떡방아를 찧으며 우리 보고 손을 흔드네."라며 즐거워한다.

불현듯 지나간 어린 시절이 떠오른다. 할머니와 함께 달에 소원을 빌기도 했고 친구들과 뒷동산에 올라간 기억이 아스라하다.

"우리 어른이 되어 다시 만나면, 그때도 달이 저렇게 밝게 떠 있을까?"

하며 놀던 친구들의 추억도 살아난다.

불어난 강물이 세차다. 물막이 보를 넘어 아래로 아래로만 끝없이 흘러간다. 허옇게 마른 갈대숲은 아직 새 옷을 갈아입지 않았다. 왜가리 한 마리가 오늘은 가까이에서 눈도 깜짝하지 않는다. 전에는 늘 건너편 물가에 있었다. 달빛을 안고 부리를 쳐든 모습에서 외로움이 전해온다. 홀로 서 있어서 그럴까? 문득 한 친구의 모습이 겹쳐진다. 배우자를 떠나보낸 지 오 년이 넘는 초등학교 동기이다. 전문업을 하며 누구보다도 열심히 살아가지만, 만날 때마다 눈가에 스치는 고독한 삶의 그림자는 나를 안타깝게 한다. 희미한 웃음 뒤에 숨은 그의 외로움을 나는 얼마나 알고 있을까?

어느덧 하늘 가운데 달이 들어섰다. 두 시간 정도 지난 것 같다. 달빛을 안고, 물소리를 품고, 숲을 흔드는 연초록에 취해 걷는 길은 자신을 돌아보는 길이다. 정수리가 따뜻해지고 마음도 넉넉해진다.

"달아 달아 밝은 달아……."

낮은 목소리로 함께 부르는 동요 속에 하늘이 둥글어진다. 바람 한 장 천천히 숲을 흔들며 지나간다.

백야白夜

종점까지 타고 있던 승객은 네 사람뿐이었다. 차창 밖에는 조금 전부터 앞을 분간할 수 없을 정도로 눈보라가 몰아치고 있었다.

"이제 내려가면 못 올라오겠네."

혼잣말로 중얼거리는 운전기사의 말을 귓가로 흘리면서 조심스레 발을 내디뎠다.

오전부터 모처럼 함박눈이 쏟아지기 시작했다. 두어 시간이 지났을까? 쉬는 시간마다 운동장에는 눈싸움하는 아이들로 신이 났다. 교실 구석에는 뭉친 눈덩이가 굴러다녔다. 붉게 물든 손을 불며 들어온 아이들 얼굴도 홍시 빛이다. 덩달아 내 마음도 활활 달아올랐다. 하오 3시쯤이었다. '산에 갈래?' 친구에게서 문자가 왔다. 몇 마디에 대화 속에 벌써 내 마음은 눈길을 헤매고 있었다. '여기에 이 정도의 눈이면 팔공산엔 무릎까지 푹푹 빠지지 않을까?' 머릿속에는 하얗게 쌓인 눈길이 아른거렸다.

같이 내린 두 사람은 저쪽으로 사라지고 친구와 나란히 수태골 방향으로 걸음을 옮겼다. 하얗게 덮인 도로와 산에는 다시 눈송이들이 춤을 추며 날아들었다. 여느 때 같으면 해가 한발이나 남아 있을 시간이지만 벌써 주위가 컴컴하다. 굵은 눈송이가 바람을 타고 빗금처럼 얼굴과 몸에 달라붙는다. 입을 벌리니 입속으로 사정없이 들어오며 안경위에도 소복이 앉는다. 발목까지 푹푹 빠지는 눈밭을 조심조심 걸어간다. 친구의 온몸에도 눈발이 달라붙어 전설 속의 설인이 생각난다.

"누가 보면 미친 사람 같지 않을까? 아무도 없는 눈길을 둘이서만 걷고 있으니 말이야."씩 웃으며 말을 하는 그의 입속에 눈송이가 마구 들어간다.

"그래, 정말 그렇네. 이렇게 멋진 눈의 나라를 알기나 할까?"

거친 숨을 죽이며 잠시 발을 멈추고 뒤를 돌아보았다. 저 멀리서 승용차 한 대가 느릿느릿 다가온다. 눈이 쏟아지기 전에 올라오기 시작한 모양이었다. 지붕 가득 눈을 덮어쓰고 미끄러지지 않으려고 천천히 움직이는 것이 마치 장난감 같아 보인다.

온천 호텔을 지나서부터는 한참 내리막길이다. 비닐포대라도 있으면 눈썰매타기에 안성맞춤이다. 길 양옆으로 사열하듯 줄을 선 벚나무 가로수엔 하얀 눈꽃이 가지마다 소복하고, 한 걸음 옮길 때마다 눈덩이가 신발 위에 달라붙는다. 아직도 바람 타고 춤을 추는 눈송이는 잦아들지 않는다. 말을 주고받을 때마다 허연 입김이 수

증기처럼 뿜어진다. 잉잉거리는 세찬 바람은 없지만, 눈발은 허공에서 춤추며 사뿐사뿐 달려든다.

문득 온 세상이 내 것인 듯한 착각에 빠진다. 내 언제 이렇게 눈이 퍼붓는 날 호젓한 산길을 걸어 본 일이 있었던가? 극지 탐험 다큐멘터리 속의 한 장면이라는 느낌도 든다. 사방은 온통 하얗게 덮인 설국! 달빛 휘영청 밝은 보름이면 더욱 운치가 있으리라. 하늘의 달빛과 온 천지에 내린 눈이 하얗고, 깊은 산속 늦은 밤 눈길을 걷는 나그네의 마음도 헤아릴 수 없다는 김삿갓의 글귀 '월백설백천지백 산심야심객수심月白雪白天地白 山深夜深客愁深'이 생각나는 정경이었다.

말없이 걷고 또 걸을 뿐이었다. 바라보고만 있어도 교감하는 친구와 같이 걷는다는 사실만으로도 마음은 한없이 포근하였다. 수태골 입구에 접어드니 쏟아 붓던 눈발은 잦아들었다. 순간 세상은 고요의 바다에 빠진 듯하다. 가쁜 숨을 몰아쉬는 두 사람의 발걸음만 사각거릴 뿐 세상은 흰 물감을 발로 차 엎어버린 담채수묵화였다.

되짚어 돌아오는 시간은 이미 저물었다. 태초에 하얗게 신이 그려 놓은 그림 속에서 두 나그네만 앞으로 천천히 움직일 뿐 세상은 아늑한 꿈속이다. 그때였다. 파파팍 하고 가로등에 불이 켜진다. 가슴 밑바닥에서 무엇인가 꿈틀대며 용솟음치는 것 같다. 가로등

꼭대기에만 불이 오는 것이 아니라 중간 허리 부분에도 파란색의 형광등이 밝아진다. 짜잔! 축제의 음악이 울리는 듯하다. 친구의 얼굴에 웃음꽃이 핀다. 하얀 설국에 오직 살아 움직이는 두 생명의 영혼을 사랑한 신이 섭리를 베풀어 주는 것이리라.

버스 종점에 도착하니 적막강산이다. 차는 끊어진지 오래된 것 같다. 천천히 걸음을 옮기었다. 동화사 고개 입구에 다다르니 차량을 통제 하고 있다. 방금 올라온 제설차가 희뿌연 가루들을 뿌리고 지나갈 뿐이다. 발이 묶인 승용차 두 대가 하얀 눈만 온통 머리에 인 채 가장자리에서 얌전히 앉아 있다. 여기서 버스가 다닐 수 있는 백안삼거리까지는 십 리 정도 된다. 말없이 친구의 얼굴을 쳐다보며 빙긋 웃는다. 언제 이렇게 눈길을 하염없이 걸어볼 수 있겠는가? 익숙히 아는 길이라 친구와 다시 고갯길을 걸어 내려가기로 했다.

걸을수록 발걸음이 가볍다. 희뿌연 가로등 불빛 아래 뿜어내는 백설의 아름다움. 컴컴한 숲에서 하얀 눈을 덮어쓴 소나무들이 바람에 이따금 눈가루를 뿌려낼 뿐 길은 정적 속에 차가운 기운만 쏟아낸다. 양극의 정령들이 눈을 타고 내려온 듯 설국의 운치를 가슴 깊이 쏟아 붓는다. 포근하고 아름답다. 꿈이라면 깨고 싶지 않다. 눈밭 속에 그리움이 춤을 춘다. 눈길에서 잠긴 시간이 꿈결 같다. 나란히 걸어가는 두 어깨 위로 눈만 하얗게 쌓인다.

제 3부
교단일기

길이란 출발지도 없고 종착지도 없는 게 아닐까
마음먹고 출발을 하면 시작하는 곳이 되고
일상으로 돌아오면 끝나는 것이다
길에서 만난 사람, 돌, 꽃, 나무, 계곡, 물 하나하나가
내 삶의 스승이요 그리움의 대상이 된다
보고 듣고 느끼고 사색하는 과정이 있어 무척 행복했다

교단일기 1 – 참을 수 없는 가벼움

어제 셋째 시간에 공책검사를 하는 중이었다. 교실 안이 소란해서 잠시 주의를 주고 검사를 계속했다. 동준이 차례였다. 평소에 얌전하고 말이 없는 아이라 필기가 잘 되어 있는 줄 알았는데 글씨가 엉망이다.

"동준아, 너무 흘려 써서 내용을 못 알아보겠네. 글씨교정 학원이라도 가서 좀 배워야겠구나."

갑자기 그가

"에이 씨!" 하며 공책을 바닥에 내동댕이치는 것이다.

"아니, 너 무슨 불만이 있나?"

대답도 없이 공책을 들고 자리에 들어가더니

"에이 씨!"

하며 또 공책을 바닥에 팽개치며 소리친다.

"선생님이 왜 내 필체에 간섭해요. 내가 잘 썼는지 못썼는지 무슨 상관이에요."

머릿속이 하얘졌다. 수십 년 교직생활에서 처음 겪는 일이다. 이게 무슨 일인가. 내 감정을 억누르지 못해 손이 부르르 떨렸다. 빰이라도 한 대 갈기고 싶은 마음을 억지로 눌렀다. 이성으로 내 분노를 억지로 묶었다. 흥분한 학생을 진정시키기보다 내 마음을 가라앉히기가 어려웠다. 베란다 쪽 문을 열고 밖에 나가 먼 산을 보고 심호흡을 하고 들어왔다.

쉬는 시간에 상담실에 나란히 앉았다.

"동준아, 오늘 무슨 일이 있었느냐. 그게 무슨 짓이냐. 흥분하지 말고 자세히 말해봐라. 집에서 기분 나쁜 일이라고 있었느냐?"

한참 동안 울먹이며 말이 없더니 조금씩 이야기를 한다.

"왜 그랬는지 나도 모르겠어요. 그냥 참을 수가 없었어요."

둘째 시간에도 벌을 받아 기분이 나쁜데, 친구들이 악필이라고 놀린 모양이다. 여러 가지가 쌓여 감정이 좋지 않은 상태인데 공책검사에서 그만 폭발한 것이다.

"그런 일이 있었구나. 나쁜 놈들 내가 꾸중을 해 주지."

천천히 그의 마음을 다독거렸다. 한참 시간이 흐르고 나서 동준이는 평상심을 찾았다.

"그래, 그럼 내가 컴퓨터에서 예쁜 필체의 글씨 한 장을 프린트해 줄 테니 점심시간까지 베껴서 가져와 봐라."

하고 A4 용지에 글씨를 인쇄해 주었다. 약속대로 점심시간이 끝날 즈음 가져온 용지에는 깔끔하게 정성을 들여 쓴 글씨로 메워졌다.

"야, 정말 잘 썼다. 이렇게 하면 되는 거야."

어깨를 도닥거려 주었다.

순간의 혈기를 참지 못하는 것을 보니 지난날 내가 생각난다. 보통 때는 차분해도 감정에 민감한 나는 자주 화를 냈다. 내가 판단한 잣대에 맞지 않으면 불같이 달려들었다. 사람들과 많이 따졌고 부딪쳤다. 오랜 세월 속에 바닷가의 몽돌처럼 조금씩 다듬어졌지만, 아직도 감정이 이성을 누를 때가 잦다. 무관심도 문제지만 너무 맞서는 것도 옳지 않다는 것을 삶의 연륜에서 배웠다.

'기선을 잡아라.' 라는 말이 있다. 운동시합에서 상대의 허를 노려 먼저 공격을 해야 이길 확률이 높다. 아내와의 마찰은 늘 기선잡기에서 시작되었다. 상반되는 성격을 지녔지만, 평소에는 소중한 동반자로 생각했기에 별 충돌은 없었다. 다툼은 아주 사소한 일에서 시작된다. 손을 깨끗이 씻으라느니, 사과 껍질을 너무 두껍게 깎는다느니, 아이들 꾸중할 때 같이 나서지 말라는 등 자질구레한 일에서 간섭이 심해지고 감정이 쌓인다. 강하게 밀어붙여 이긴 것 같지만, 속마음은 깔끔하지 않았다. 내 감정처리가 신중하지 못해서 생긴 결과이리라.

오늘 다섯째 시간이었다. 삼 학년 수업을 위해 4층으로 가고 있는데 갑자기 "쨍그랑" 소리가 나며 아이들이 와! 하고 몰려들었다가 흩어진다. 교실의 복도 쪽 유리창이 깨어지고 바닥에 피가 흘러

있다. 말다툼 끝에 한 아이가 분을 참지 못하고 자기 주먹으로 내리친 것이다. 보건실에서 응급치료를 마친 아이는 붕대로 상처를 감싸고 교무실로 들어왔다. 무슨 일이냐고 물어도 말이 없다. 계속 물으니, 잠시 가만히 서 있다가 갑자기 웃옷을 벗어 버리고 붕대를 풀어 던지더니 씩씩거리고 나가버린다. '아니, 이놈이…….' 황급히 따라가 데리고 들어왔다. 한참 동안 달래니 눈물을 흘리며 머리를 숙인다. 제 감정을 이기지 못하는 모습이 너무 안타깝다.

방과 후 교정의 벤치에 앉아 오늘 일어난 일을 돌아보았다. 손을 다친 아이는 일 학년 때 내가 담임을 한 아이다. 홀어머니와 살고 있는 어려운 가정환경을 아는 나는 정원의 나무들만 물끄러미 바라보았다. 가정과 학교의 소통이 안 된 이유도 있을 것이다. 건성으로 몇 번 상담만 한 내가 부끄럽다. 내가 그 아이의 어려움을 귀담아들어 준 적이 몇 번이나 있었던가.

바람 한 줄기 지나가니 색색으로 물든 잎들이 우수수 떨어진다. 온갖 생각이 꼬리를 잇는다. 우리 모두 저 나뭇잎처럼 자연으로 돌아갈 삶을 산다. 잠시 왔다 가는 삶이 아름다워야 할 텐데 너무 고달픈 느낌이다. 공부에 지친 아이들이 안쓰럽다. 경쟁만 강요하는 현실이 이런 심성을 키워왔으리라. 두 아이의 사건이 많은 것을 들려준다. 지식보다 배려하는 마음, 인내심부터 가르쳐야 함을 잘 알지만.

교단일기 2 -사랑이 꽃피는 시간

첫째 시간 삼 학년 이반 기말시험 감독을 할 때이다. 올해 내가 수업을 맡지 않은 반이라 들어가니 묘한 반응이 온다. 학생의 반 정도는 일 학년 때 수업을 한 아이들이다. 시험지를 나누어 주고 주의 사항을 설명하려고 했다. 그때 창가 네 번째에 앉은 K 양이 싱글싱글 웃으며 한마디 한다.

"선생님, 정말 머리카락이 많이 자랐어요."

순간 교실 안은 웃음바다이다. '아니, 이놈들이.' 보조감독으로 들어온 학부모도 웃음을 참지 못하고 입을 막는다.

"H 선생님보다 훨씬 많아요."

다시 교실 안이 환해진다. 일 학년 때 담임을 한 K양의 엉뚱한 말이 긴장된 분위기를 확 풀어준 모양이다. 잠시 후 사각사각 연필 소리만 들릴 뿐 정적에 빠져든 아이들이 문제와 씨름하고 있다.

며칠 전부터 학기말 고사가 시작되었기에 아이들의 신경이 날카롭다. 좋은 성적을 얻기 위해 밤낮으로 초조해하는 그들의 모습이 안쓰럽다. 채 피기도 전에 적자생존의 황량한 벌판에 던져진 아이들이다. 경쟁 없는 발전이 있겠느냐마는, 무한경쟁은 도리어 세상을 파멸시키는 원인이 된다고 생각한다. 남과 더불어 살아가는 아름다운 삶은 경쟁이라는 단어 속에서 점점 멀어져간다. '이게 아닌데, 이게 아닌데' 를 수없이 되뇌어본다. 신영복 님의 '어리석은 자의 우직함이 세상을 조금씩 바꾸어 갑니다.' 라는 글이 떠오른다. 불편하지만 흐르는 강물에 자신을 던져 개척하고 남을 배려하며 주체적으로 살아가야 한다는 내용이다.

둘째 시간 감독은 삼 학년 ○반이다. 남녀가 적당하게 섞여 긴장된 분위기에 그림처럼 앉아있다. 4분단 뒤쪽, 역시 1학년 때 담임을 맡았던 J 양이 생글생글 웃으며 자꾸 나를 본다. 마음속으로 '잘 쳐라.' 격려를 하고 시험을 진행하였다. 시험이 끝나자 교단으로 달려온 J 양이

"선생님, 이거 잡수세요. 맛이 없어도 다른 사람 주면 안 돼요."

하며 과자 한 봉지를 내밀며 손뼉을 친다. 마침 오늘은 11월 11일. 장사꾼이 만든 '빼빼로데이' 라고 막대처럼 기다란 이 과자를 선물한단다.

"응 그래, 고맙다. 잘 먹을게."

"오늘 선생님께 드리려고 사 왔어요. 시험기간에 교무실은 출입금지라 어떻게 전할까 고민 했는데, 마침 선생님이 감독으로 들어와서 너무 좋아요. 이렇게 쉽게 전해 줄 수가 있어서요."

반갑고 귀여워 한동안 말을 잃었다. 내 가슴속으로 짜릿한 전류가

흘렀다. 이렇게 진심으로 마음을 표한 일이 나는 얼마나 있었던가?

한 달 전쯤 일이다. 해거름 녘 집 근처 골목을 산책 중에 한 통의 문자가 왔다. '쌤쌤쌤, 이렇게 슬플 수가! 저 신종 걸렸어요. 슬퍼요.' 저장된 이름이 없어 누군지 알 수가 없었다. '그래, 약 먹고 조리하면 별것 아니다. 힘내라. 나도 걸렸잖아. 근데 누구니' 이렇게 답장을 보냈다. '헐, 이럴 수가 선생님. 저를 모르다니. 저 혜란이예요. 조혜란. 슬퍼요.' 급히 전화를 했다.

"너 번호가 입력되지 않았는데 내가 어떻게 알 수 있니"

하면서 신종플루에 대한 여러 가지 얘기를 해 주었다. 그날 그 학급에 많은 학생이 감염된 모양이었다. 나 자신이 감염된 지 일주일 남짓 되었기에 내 경험에 비추어 설명과 위로를 해 주었다.

"고맙습니다. 선생님. 완치 후에 학교에서 뵈어요."

하고 통화를 끝냈다.

올해는 담임을 맡지 않고 있지만, 예전에 맡았던 아이들이 자주 상담을 신청한다. 그들에게 내가 마음 편하게 해 준 모양이다. 주로 공부가 바닥에 있는 아이들이 많이 찾아온다. 최근에도 수업시간마다 벌을 받고 복도에 자주 나와 있는 아이들이다. '가정 형편이 좀 나았으면 잘 될 수 있을 텐데.' 진학에 관한 문제며 가정 일에 대해 잠깐씩 면담을 하지만 늘 안타까운 마음이 앞선다.

'공부가 인생의 전부가 아니다.' 라고 말은 하면서도 공부를 강조

하지 않을 수 없는 현실이 아닌가. 주로 '인생의 목표가 뭐겠니, 행복하게 살아가는 것이야. 마음 편하게 먹고 건강하게 열심히 살아라.' 하며 여러 가지 얘기를 해준다. 상담을 마칠 즈음 엉뚱하게도

"선생님, 언제 퇴직하세요. 그때 꼭 찾아올게요."

라고 말하는 아이도 있어 나는 빙그레 미소를 짓는다.

오전에 수업이 없는 시간이면 이따금 정원의 벤치에 혼자 앉아 차 한 잔의 여유를 즐긴다. 오늘 수업할 내용도 생각해 보고 어제 벌을 준 아이들 얼굴도 떠올린다. 어떻게 생활하는 것이 정말 바람직한 교사의 길인가도 되물어본다. 잠시 앉아 바람에 흔들리는 느티나무 잎을 바라보며 멍하니 있으면 내 몸과 마음도 녹음에 물들어 금세 파래지는 느낌이다. 얼마 전에는 숲 중앙을 통과하는 계단에 노란 국화 화분 백여 개를 진열해 놓아 짙은 향기가 길을 따라 퍼진다. 도시 중심부에서는 좀처럼 볼 수 없는 아름다운 숲과 정원을 가진 교정이다. 따스한 차 한 잔에 행복과 느긋함을 즐길 수 있는 이보다 좋은 곳이 있을까?

오늘도 1학년 어느 반에 신종플루와 관련된 고열로 10여 명을 집으로 돌려보냈다. 세상이 어지럽다. 보건실에는 시간마다 체온을 측정하러 오는 아이도 있다. 그만큼 걱정이 되는 모양이다. 그들과 같이 얘기를 해 보면 아무리 아파도 학원에는 간다고 한다. 안타깝고 불쌍한 느낌만 든다. 무한경쟁사회에 던져진 오늘의 현주소이

다. 아침마다 출근하면 방송수업, 정규수업, 교과수업, 심화수업으로 숨이 턱턱 막힐 지경이다. '이게 행복으로 가는 길은 아닌데' 라고 혼자 중얼거려 보지만 무섭게 몰아치는 큰 물결을 거스르지는 못한다. 단풍 떨어진 가지의 남은 잎들을 보며 한 해를 돌아본다. '새해에는 좀 더 아름다운 세상이 되어야 할 텐데.'

아이들이 귀가한 교실 벽을 마지막 달력 한 장이 쓸쓸히 지키고 있을 뿐이다.

교단일기 3 – 담쟁이 질 무렵

갑자기 '와' 하며 박수를 친다. 첫째 시간 삼학년 칠반 수업이었다. 차분한 아침 분위기를 확 뒤집는다. "S○○." 한 단원을 읽은 W군이 다음 읽을 사람을 지적한 것이다. 소란해진 교실은 금방 후끈 달아올라 아이들 얼굴에 해가 걸렸다. 영문을 모른 나는, 며칠 후에 과제로 받은 소풍 감상문을 읽고서 혼자 미소를 지었다.

전세 버스는 동해 장사해수욕장으로 향했다. 그날 부담임을 맡고 있는 나도 참석하기로 했으나 독감이 심해 아침에 포기한 소풍이었다. 푸른 하늘과 흰 파도소리에 공부 스트레스를 날려버리고 마음껏 즐긴 모양이었다. 그때 장난기가 발동한 남학생들이 여학생들 몇 명을 물에 빠뜨렸다. 평소에 S양을 좋아하던 W군도 친구들과 어울려 그녀를 물에 밀어 넣었다. 순식간에 홀딱 젖은 S양은 성이 많이 났다. 상점에서 간편한 옷을 사서 갈아입고 버스 뒷자리에서 훌쩍거리고 있었다. 놀기에 지친 아이들 대부분이 차 안으로 들어왔을 때였다. W군이 뒤쪽의 S양 앞에 가더니 무릎을 꿇고

"사랑해. 내 마음을 받아줘."

라고 했다. 차안은 축구경기의 결승골을 넣은 듯 소리를 지르고 박수를 치며 야단법석이 되었다. 얼떨결에 승낙한 S양의 얼굴은 홍시보다 붉어졌다.

감상문 몇 편을 읽다가 교무실 창가로 걸어갔다. 단풍으로 물든 정원을 보며 생각에 잠겼다. 사랑이라는 말을 떠올렸다. 짜릿한 전율이 온다. 예나 지금이나 이성에 대한 사랑이 싹트는 사춘기의 순수함은 아름답다. 그 학생의 고백 방법에서 세상의 빠른 변화를 느낀다. 내 첫사랑을 반추해본다. 고등학교에 갓 입학한 시기였다. 내성적인 나는 한 여학생을 좋아하면서도 쉽게 마음을 전하지 못했다. 오랜 시간 혼자 앓다가 어느 날 등굣길에 용기를 내어 쪽지를 건넸다. 답장을 기다리는 내내 열병을 앓는 듯했던 그날이 지금도 설레고 그리울 뿐이다. 요즘은 직설적이다. 세월의 흐름에다 매스컴의 영향도 많이 받았으리라. 부끄럼도 크게 느끼지 못하고 다른 사람의 시선도 신경을 쓰지 않는다. 귀엽고 부럽다.

며칠 후 우연히 그들에 대한 얘기를 들었다. W군이 S양을 좋아한지는 초등학교 육학년 때부터라고 한다. 같은 중학교에 들어와서도 속만 태우다가 삼학년 때 같은 반이 되었고, 소풍날 친구들의 도움으로 멋진 고백도 하게 되었다고 한다. 소곤거리며 부러워하는 애들이 많았다. 속으로만 간직하고 있던 첫사랑을 용감하게 고백한 W군도 부럽고, 받아준 S양도 부럽다는 것이다. 내성적인 그도 처음에는 "미안해" 라고 말하려고 했는데, 갑자기 어디서 용기가 생겼는지 "사랑해" 라고 말했다는 후문도 들었다.

오늘 7교시는 방송수업이다. 문제풀이와 관련된 내용에 대한 해설로 이루어진다. 마지막 시간이고 방송이라 수업효과가 많이 떨어진다. 이전과는 다른 방법을 찾아보았다. 곰곰 생각하다가 학생 두 명을 참석시키기로 했다. 남녀 한 명에게 부탁하여 세 사람이 입체적으로 하기로 했다. 나 혼자 읽고 설명하면 아이들이 지겨워해 효과가 반감될 수도 있기 때문이었다. 성적이 평범한 아이들을 뽑았다. 약간의 연습을 시키고 실제에 들어갔다. 대성공이었다. H군은 방송에 나간 것을 저녁에 싸이홈피에 올리고 자랑한다고 한다. 방송실 스튜디오에서의 한 시간 생방송. 중학교 생활에서 최고의 추억이라고 기뻐하는 모습에 흐뭇했다. 교실에서의 반응도 기대 이상이었다.

작은 일에 관심은 많지만 성적이 좋지 않은 애들이 많다. H군도 공부는 잘 못하고 자주 말썽만 부리는 아이들 또래에 속했다. 그가 독후감쓰기 대회에 참석했었다.

"선생님, 제가 열심히 잘 썼거든요."

하는 모습이 기특했다. 며칠 지나자 결과가 궁금하여 자주 물었다. 심사결과를 알아보니 예선에 이미 떨어진 상태였다. 솜씨는 모자라지만 하려는 의욕에 격려를 많이 해 주었다. 그가 이번에는 자청해서 방송수업에 참여한 것이다.

며칠 전이었다. 한창 수업 중 뒤편 창가에 앉은 L양이 책에다 볼펜으로 수없이 원을 그리고 있었다. 책이 찢어질 지경이었다. 주의를 주고 복도에 나가 앉아 있으라고 했다.

"싫어요." 라고 한다.

"네가 잘못했으니 벌을 받아야지. 나가거라."

하니, 다시

"싫어요. 나가기 싫어요. 내가 왜 나가요."

한다. '이게 무슨 말인가.' 체벌도 할 수 없고 난감했다. 억지로 설득시켜 내 보냈지만 속은 까맣게 탄다. '어떻게 지도해야 할까.' 씁쓸히 창밖 도서관 담벽의 붉은 담쟁이 잎만 한참 바라보았다.

오늘은 L양이 생글거리며 먼저 말을 건다.

"선생님, 저 요새 열심히 하지요."

"응, 그래 잘 하네. 근데 너 지난번에는 왜 그랬니?"

"그날 기분이 좀 그랬어요."

종잡을 수 없는 것이 아이들 마음이다. 다시 천사의 모습으로 돌아온 것이다.

느긋이 감정을 누르고 시간이 지나면, 아이들은 착한 본성을 되찾는다. 끝없는 스트레스와 경쟁 탓이리라. 지나친 욕심과 자유경쟁 끝에 남은 것은 무엇일까? 더불어 살아간다는 것은 교과서 속에서만 숨 쉬는 죽은 지식이 된 것 같다. 이런 현실에 아이들이 무엇을 배울까? 가장 큰 피해자는 나날이 거칠어지는 그들이건만.

물을 거슬러 오르는 정책만 펴고 있는 오늘이 답답하다.

아침 일찍 출근을 한다. 책상 위에 놓인 한 잔의 커피 향을 맡으며, 오늘도 어제만 같고, 거센 바람이 불지 않기를 기도할 뿐이다.

길 1

그리움의 색깔을 본 적이 있는가? 삶에서 불현듯 가보지 못한 길이 그리워지고, 산 정상에 앉아 뭉개 구름을 보며 실체를 알 수 없는 존재의 외로움에 가슴 시린 날이 이따금 있다. 이런 날이면 일상의 껍질을 벗어버리고 훌쩍 길을 떠나는 나그네가 된다.

처서處暑 지난 늦여름 들판은 초록의 바다로 눈이 싱그럽다. 몸보다 마음이 앞서 달려가 녹음 속에 풍덩 빠지고 싶은 길이다. 보랏빛 구절초가 생긋 웃음 짓고, 철 이른 코스모스들이 가냘픈 꽃대 위에 하늘거린다. 연록軟綠과 담록淡綠의 조화로 펼쳐진 아침 풀숲은 고즈넉하다. 오솔길을 거닐면 새벽 별빛 머금은 보석 주렴 같은 영롱한 이슬이 옷자락에 달라붙는다. 멍한 눈빛으로 꽃대에 앉아 조는 고추잠자리 한 마리 아직도 취침중이다. 고운 날개가 누이의 잠옷 같다.

논둑길로 천천히 걸음을 옮긴다. 명지바람 한 줄기 논 가장자리로 파고드니 벼들이 우우 소리치고 고개 숙인다. 문학소녀마냥 무작정 누군가가 보고파진다. 녹음이 누워있는 둑길은 물감통 엎어버린 한 장의 수채화이다. 금방이라도 동화 속 요정이 걸어 나와 손을 내밀 듯 아늑하다. 녹음 속 들길은 생명의 소리로 뒤척이고 그리움의 향기로 가득하다. 아직 베넷 저고리도 벗지 못한 어린 여치 한 마리 풀숲에 앉아있다. 손 위에 얹고 눈을 맞추니 연초록이 손에 배여 든다. 들녘은 일상에 지친 영혼을 감싸 안을 마음의 고향 같다.

지난 8월 괴산, 문경, 보은지방 약 2백 여리를 도보 순례길에 나섰다. 길에서 나를 찾고 자연을 배우며 삶을 재충전하는 과정이었다. 괴산 미륵사지터에서 숲길로 들어갔다. '하늘재 가는 길' 이란 팻말이 정겹다. 적송과 떡갈나무들이 줄을 서고 청량한 하늘로 바람길이 열린 오솔길이다. 이름도 참 곱다. 청록의 나뭇잎들이 눈에 안긴다. 한걸음 한걸음에 몸도 마음도 파랗게 물든다. 컴컴해진 하늘이 금방 울상을 짓는다. 마사토와 진흙이 조금씩 섞인 바닥에 흥건히 물이 고이고 두꺼비 한 마리 천천히 지나친다. 자기 집에 웬 불청객들이 지나가느냐고 시위하듯……. 대지가 숨을 쉬고 생명이 살아있는 길이다. 능선이 가까워질수록 하늘이 손에 만져질 듯하다. 땀에 젖어 '하늘재' 에 오르니 하늘은 또 저만큼 멀어진다. 길과 삶이란 다가가면 다가간 만큼 다시 거리를 벌리는 것일까.

문경시 농암면 쌍용계곡 길을 걸을 때이다. 계곡의 물이 푸르다 못해 비췻빛으로 튀어 오른다. 올해는 유난히 많은 비가 온 덕분일까. 넘실대며 몸 비틀어 허연 물거품 부서지는 모습은 싱싱한 물고기가 솟구치는 느낌이었다. 굉음처럼 귀에 감기는 물소리를 들으니 연암 박지원의 '열하일기' 한 구절이 생각난다. 연암은 '일야구도하기一夜九渡河記' 라는 글에서 강물의 소리를 전쟁터의 온갖 무기에 비유해서 표현했다. 마음을 차분히 다스리는 사람은 귀와 눈이 장애가 되지 않고, 귀와 눈을 믿는 사람은 보고 듣는 것이 자세할수록 더욱 병이 된다고 얘기한다. 나도 한참이나 오감을 귀에 집중해보았다. 그저 막막하고 어지러울 따름이었다. 평정을 얻기보다 무서운 생각만 먼저 들었다.

물은 계곡을 만들고 계곡 따라 길이 이어진다. 건너편에서 드문드문 만나는 시골 토담집이 정겹다. 토담 위 칭칭 감고 올라가는 푸른 호박 덩굴이 눈을 시원하게 한다. 황금빛의 꽃술이 살짝 내보이는 꽃의 정겨움에서 수더분한 시골 아낙의 푸근함이 뚝뚝 묻어난다. 고향 어머니의 음성도 들리는듯하다. 담 아래 봉선화 꽃잎이 지난 비바람에 수북이 떨어져 있다. 이슬 머금은 연분홍 봉선화 꽃잎들이 햇살에 반짝인다. 손톱마다 아련한 그리움으로 물들이고, 밤새 뒤척이던 어린 시절 누이의 얼굴이 박꽃처럼 피어난다. 길에는 익어가는 여름이 숨어 있다. 개망초, 달맞이꽃, 마타리, 패랭이, 참나리들이 줄지어 반긴다. 길에서 여름을 만나고 덤불에서 풀꽃반지 만들던 어린 시절 추억을 더듬는다.

보은군 마로면의 농로로 이어진 마을길에 들어섰다. 예전보다 조금 넓어졌지만, 옛길의 정취가 그대로 살아있다. 경쾌한 발걸음에 콧노래가 절로 나온다. 봇도랑으로 연결된 둑 위로 시퍼런 벼 이삭이 땡볕에 온몸을 달구고 있다. 달포 지나면 고개를 숙인 황금물결이 넘실거릴 것이다. 생각만 해도 흐뭇해진다. 만물은 고개 숙인 만큼 성숙해진다고 했던가. 무언의 가르침에 옷깃을 여민다.

아름드리 느티나무가 마을 입구에서 먼저 손을 흔든다. 수백 년을 지켜온 마을의 수호신으로 세 사람이 손을 맞잡아야 둘레를 잴 수 있을 정도의 크기다. 나무 아래 기다란 평상이 놓여 있다. 밥솥도 있고 부식도 있어 마을의 무슨 잔치가 벌어지는 줄 알았다. 할머니 한 분이 느긋한 충청도 사투리로 얘기하신다.

"마을엔 우리 같은 노인들밖에 없어유. 점심과 새참은 공동으로 취사해서 해결해유. 젊은이들은 도시로 다 떠나고 없어유. 마을 주민 모두가 스무 명이 안 되유."

소박한 웃음 속에 감춰진 씁쓸한 미래가 생각나는 것은 나만의 걱정일까. 이 아름다운 시골, 영원히 지키고 보듬어야 할 생명의 터전이 아닌가. 그리움도 사랑도 이 시골에서 시작된 것을 우리는 알고 있는 것일까. 이 더위에 어디 가느냐고 물으신다. 길 따라 물 따라 걸으면서 자연을 배우며 순례 중이라고 하니 고생이 많다면서 격려를 해 준다.

길이란 출발지도 없고 종착지도 없는 게 아닐까. 마음먹고 출발을 하면 시작하는 곳이 되고, 일상으로 돌아오면 끝나는 것이다. 길에서 만난 사람, 돌, 꽃, 나무, 계곡, 물 하나하나가 내 삶의 스승이요 그리움의 대상이 된다. 보고 듣고 느끼고 사색하는 과정이 있어 무척 행복했다. 누가 불러서 찾은 것이 아니다. 물 따라 바람 따라 걸을 수 있는 두 발과 마음의 여유가 있었기에 순례 길은 아름다웠다. 저녁마다 몸은 지쳐 만신창이가 되었건만, 정신은 밤하늘의 별빛만큼 또렷해진다. 자연의 선물에 몸도 마음도 맑고 가벼워진 모양이다. 풀잎 차고 불어온 서늘한 바람 한 줄기가 뺨을 스친다. 텅 빈 머릿속엔 다시 새로움으로 채울 길을 그려보며 미소 짓는다.

길 2

"하늘도 너무하시네."

국토순례 첫날 아침은 태풍이 올라오고 있었다. 삼 년 만의 태풍이란다. 비다운 비가 없었기에 반기는 사람도 많다. 하지만, 새벽부터 붓는 빗줄기는 바람과 함께 막춤을 추고 순례자의 가슴은 까맣게 탄다. 며칠만 참았다가 올라와도 좋을 텐데……. 집결 장소에는 참가자들이 걱정스러운 얼굴로 출발 준비에 바빴다.

영주 경북전문대학을 안고 흐르는 냇물은 제법 살져 있었다. 태풍의 길목에서 벗어난 탓인지 가랑비만 오락가락한다. 다행이다. 제방을 따라 이어진 길이 촉촉하다. 잿빛 하늘에 담긴 구름은 바람따라 천천히 움직인다. 언덕 위의 '삼판서고택三判書古宅' 옆을 지나니 풀밭의 노란 월견초가 고개를 쑥 내밀고 순례자를 쳐다본다. 비에 젖은 기와와 추녀 끝이 한결 산뜻하다. 둑길 따라 코스모스와 잡초들이 호위하듯 늘어섰고, 멀리 물가에는 왜가리 대 여섯 마리가 무리지어 물만 내려다본다.

우리의 땅을 걸어서 순례한 지가 오 년째이다. 매년 2박 3일의 일정을 잡아 이백 리(약 80km) 남짓 걷는다. 올해는 영주에서 시작하여 순흥의 '선비촌' 까지 첫 구간으로 잡았다. 내 발로 걸어 국토의 아름다움을 느끼고, 자신과의 싸움을 통해 새로움을 재충전하는 과정이다. 길에서 강과 들을 만나고, 숨 쉬는 자연에서 그리움과 시골의 향기를 맡는다. 내 감성의 샘에서 잠자고 있던 서정을 불러 깨운다.

안정면의 논길에 접어드니 제법 패기 시작한 벼들이 초록으로 온몸을 흔들며 반긴다. 군데군데 빗물 웅덩이가 생긴 흙탕길에는 조심스러운 발걸음이지만 마음만은 새털보다 가볍다. 콧노래가 절로 나온다. '동구 밖 과수원길 아카시아 꽃이 활짝 폈네. 하이얀 꽃 이파리 눈송이처럼 날리네.' 얼마 만에 불러보는 노래인가? 논 샛길에 오래된 적산가옥이 한 채 보인다. 낡고 색이 바랜 기와가 비뚤비뚤하다. 아직도 이런 집이 있다니? 2 층은 다락방이나 망루처럼 지붕을 인 일제강점기 때 지어진 기와집이다. 다른 곳과 달리 개 짖는 소리는 나지 않고 닭 우는소리가 들리니 더욱 정겹다. 초등학생 때 시골 외가에 온 듯한 착각을 한다. 안에 들어가 보고 싶었지만, 사는 사람이 보이지 않는다.

지친 발걸음이 어느새 '금성대군신단' 을 거쳐 오늘의 목적지인 '선비촌' 에 들어선다. 숙박지로 가는 언덕길에는 희미한 햇살이 등 뒤에서 밀어주고, 붉은색 흰색 파란색의 두건으로 머리를 불끈

맨 장승들이 길가에서 눈을 두리번거린다. 반가움에 손을 흔들어 준다. 팔과 얼굴에 땀이 송골송골 맺히지만, 마음은 한없이 푸근하다. 숙소에 도착하니 피로가 밀려온다.

봉화 명호 강을 끼고 청량산을 향해 걷는 아스팔트길에는 발이 고생한다. 낙동강 상류지만 수량이 만만치 않다. 울창한 산과 넘실대는 물결을 바라보며 가니 구례 섬진강을 바라보며 걷는 맛이 난다. 검푸른 숲을 좌우로 거느리고 도도히 흐르는 강물은 젊음의 야성으로 무장한 듯하다. 눈길 닿는 곳마다 싱싱하고 원시적인 멋을 풍긴다. 철이 좀 지났지만 래프팅하는 사람이 보인다. 노란 고무보트에 붉은 구명조끼, 구령에 맞추어 노를 젓다가 손을 흔들어 준다. 나도 그만 풍덩 들어가고 싶은 충동이 생긴다. 주변의 지천으로 핀 달맞이꽃이 아직도 절정이다. 느긋하게 흐르다가 바위가 많은 곳에는 세찬 물결을 이루고, 이내 평정을 찾아 유유히 흐른다. 우리의 삶도 저와 같으리라. 평탄한 인생을 사는 사람이 몇이나 될까? 거친 삶의 굴곡에서 격랑을 만나기도 하고, 잔잔한 물결처럼 평화로운 때도 있으리라. 그 속에서 울고 웃고 부대끼다 바다라는 도착지에서 사라지는 삶이다. 누구를 미워하고 사랑한단 말인가? 삶 그 자체가 한바탕 꿈인 것을.

청량산 입구의 정자에 앉아 하염없이 봉우리를 바라보았다. 산 어깨를 감은 구름이 안개처럼 밀려왔다가 사라지기를 반복한다. 검푸른 송림 사이로 깎아지른 절벽이 여인의 뽀얀 속살을 드러내

듯 유혹한다. 자연이 좋아 길을 떠났고 길에서 만난 강과 산이 무엇을 말하고 있는가를 곰곰 생각한다. 아무것도 떠오르지 않는다. 맑은 바람만 지친 나그네의 눈을 스르르 감게 만든다.

마지막 날, 눈을 뜨니 비가 부슬부슬 내린다. 보슬비라 다행이다. 파랗게 익어가는 논 샛길의 '퇴계종택退溪宗宅' 에 들어선다. 정갈하게 정리된 골기와 집에는 차분한 선비의 음성이 들리는 듯하다. 섬돌 위 툇마루에 앉아 잠시 과거로 시간여행을 떠난다. 사랑방에는 낭랑한 목소리로 글을 읽는 소리도 들린다. '추월한수정秋月寒水亭' 이란 현판이 해서로 힘차게 쓴 방에서는 선비들의 웃음소리가 낮은 담 너머로 흐르는 듯하다.

'이육사문학관' 을 거쳐 마지막 순례길인 '녀던길(옛길)' 을 걸으니 신선이 된 듯하다. 도산서원에서 낙동강을 따라 청량산까지 이어지는 길이다. 넘실넘실 흐르는 강과 절벽으로 에워싼 봉우리들. 아늑하고 평온하다. 집 한쪽 울타리에는 좀처럼 볼 수 없던 조롱박이 조롱조롱 달렸다. 앙증맞고 귀엽다. 돌아서 걷는 강변에서 갑자기 짐승 한 마리가 뛰어간다. "야! 고라니다." 소리와 함께 강변 풀숲에 숨어버린다. 겹겹으로 능선에 걸린 구름, 푸르다 못해 검은 숲, 파랗게 소리치며 익어가는 벼와 고추, 콩과 깨……. 눈물 나도록 아름답고 정겹다.

눈길 따라 머무는 능선이 구름 속에서 부른다. 강물 위로 왜가리

한 마리 무심히 날아오른다. 길이 좋아 길을 나섰고, 길 따라 오랜 시간 걸었다. 발가락이 부르트고 쓰리지만, 머릿속은 또렷하기만 하다. 길이 있기에 아름다움을 알 수 있었고, 길을 통해 나를 돌아볼 수 있는 시간이었다. 길에서 시작하여 길에서 마감하는 인생, 길은 내 삶에서 영원한 그리움의 실체이며 고향이리라.

연구실의 추억

새소리가 정겹다. 남향으로 난 창을 열면 보랏빛 구슬꾸러기 같은 등꽃이 눈에 안긴다. 바람 한 줄기에 가슴속까지 서늘하다. 세 평가량 될까? 중등교사에게 개인 연구실이 있는 곳이 전국에 몇 학교나 있을까? 지금은 교과별 연구실이 있는 학교가 많이 생겼지만, 그 시절에 개인 연구실이 있는 학교는 거의 없었다. 한국전쟁이 끝난 이듬해 지어져 얼마 후에는 철거대상에 오를 건물이지만 당시에는 최고의 자랑거리였다.

내가 이 방과 인연을 맺은 지 강산이 세 번이나 변했다. 새순 같이 파릇파릇한 총각 시절 부임을 하고 배정받은 방은 2층 238호 남향이었다. 화재 위험이 있는 목조건물이라 전기 사용은 못 하게 했지만, 따뜻한 새봄부터 늦가을까지 나만의 멋진 공간이었다. 곧 은퇴하실 원로선생님이 사용하던 방인데, 짐을 정리한 지 얼마 되지 않아 어수선했다. 직원 수에 비해 방이 모자라기에 초임들은 대개 전세(?)로 들어가는 경우가 많은데, 나는 운이 좋게도 분양(?)을 받았다. 물론 임대료나 분양가는 없다. 퇴직할 때 그냥 나오면 된다. 낡은 책상 하나와 긴 의자가 기본 살림이었다. 야전용 침대와 작은 수납장, 간단한 다구, 예쁜 커튼으로 치장하니 교수연구실 부럽지 않은 분위기를 풍겼다.

강의가 없는 시간이면 커피 한잔을 책상 위에 놓고 창을 살며시 연다. 삽시간에 오월의 싱싱한 향기가 짜릿한 햇살과 다투어 연구실 안을 파고든다. 창밖 등나무엔 포도송이같이 주렁주렁 달린 등꽃이 바람 한 줄기마다 이리저리 일렁인다. 편안하다. 마음도 녹음에 젖는다. 나른함에 잠시 읽고 있던 책을 덮는다. 눈을 감으니 천국이다. 지난날의 어느 하루가 떠오른다.

지금은 퇴직했지만, 당시 W 선생님의 연구실은 동네 사랑방이었다. 3층 서쪽에 있는 연구실엔 아침마다 커피 끓이는 냄새가 교실 안까지 풍겼다. 자습시간에 독서지도를 하던 선생님들이 하나 둘 커피 향 찾아 사랑방에 모여들었다. 차 끓이는 솜씨가 혀끝을 황홀하게 만들기에 모두들 W 마담이라고 불렀다.

"W 마담님, 교실에 배달은 안 되나요?"

"말만 잘하면 어디든지 배달이 왜 안 되겠어."

남자 선생님이지만 적당한 카리스마와 사교성이 넘쳤기에 그 방은 언제나 선생님들로 붐볐다.

덕분에 아이들은 살판이 났다. 커피 향 따라 사라진 담임이 없는 교실은 그들의 천국이다. 지금은 상상도 할 수 없는 일이지만 돌아보면 여유와 낭만이 춤추던 시절이었다. 그립고 부럽다. 끝없는 경쟁만 부추기는 현실! 일등만 강요하는 교실! 답답하고 어지럽다. 아무리 정보화사회라지만, 너무 빨리 바뀌는 오늘이 두렵다. 달라진 만큼 좋아진 것이 얼마나 있는지도 묻고 싶다. 하나를 얻으면 하나를 잃는다는 평범한 사실이 나를 힘들게 한다. 자유 속에서 스스로 찾아 배우는 것이 진정한 교육이지만 일등과 일류만을 찾아 나머지를 모두 희생하는 현실이 너무 슬프다. 아이들이 불쌍하고 그 장단에 춤을 출 수밖에 없는 나도 부끄럽다. 다시 그날을 되씹어본다.

하루가 W 마담 연구실 커피를 마시면서 시작된다.

"자, 여기서 다 얘기했으니까, 오늘 직원회의는 할 필요도 없네."

"그래, 맞아 맞아."

주고받는 대화는 어제 일어난 일부터 오늘 해야 할 일까지 다 나온다. 간밤 회식자리에서 일어난 뒷얘기까지 미주알고주알 웃고 떠드느라 엔도르핀이 팍팍 쏟아진다. 즐겁게 시작하면 하루의 모든 일이 아름답다. 아이들도 사랑스럽고 수업마다 활력이 넘친다.

어느 날이었다. 수업 중 무심코 바라본 3층 K 선생님 연구실 창에서 연기가 솔솔 나오는 듯 했다. '어, 저 방은 W 선생님 방과 마주 보는데.' 조금 있다가 돌아보니 계속 나오고 있었다. '아니 좀 이상한데.' 정신이 번쩍 들었다. 급히 뛰어가 보니 문은 잠겨 있었다. 복도에도 연기가 제법 찼다. 다른 선생님들도 모여들었다.

"불이 난 것 같다."

"맞아, 빨리 열쇠 가지고 와."

어수선한 중에 한 선생님이 발로 문을 세게 차서 부셨다. 피우다 만 담뱃불이 원인이었다. 급히 양동이로 물을 퍼부어 해결했지만 아찔한 순간이었다.

오늘은 모처럼 연구실 청소를 했다. 걸레를 빨아 구석구석 닦으면서 생각에 잠겼다. 세월이 흐른 만큼 보관된 책과 자료들로 어지럽다. 요사이는 연구실에서 차를 끓여 마시지는 않는다. 교무실 한쪽에 여러 종류의 차가 준비되어 있기 때문이다. 일부러 커피 한 잔을 들고 연구실의자에 앉았다. 감회가 새롭다. 디지털이 아날로그를 밀어냈지만 나는 아날로그시대가 그립다.

시대가 변화를 요구하고, 변화 없는 발전은 없을 것이다. 하지만, 우리는 가장 중요한 무엇을 잃고 사는 것이 아닐까? 잊혀져가는 순정이 그립다. 지난날의 여유와 낭만을 다시 찾기가 어려움은 어찌 된 일일까? 컴퓨터가 연구실의 추억과 넉넉함마저 빼앗아 간 느낌이다.

올해는 남은 낭만이라도 주워 모아서 묵은 연구실과 다시 친해지려고 노력 해 볼까?

'몰입'이 뭐기에

저녁마다 강변을 산책하는 사람들이 들꽃처럼 한들거린다. 강물도 유유히 흐른다. 우리네 삶도 저렇게 순리대로 흘렀으면 하는 생각이 든다. 최근 교육계의 큰 이슈로 제기된 문제 중의 하나가 영어몰입교육이다. 국어나 예체능 몇 과목을 제외하고는 영어로 수업을 하겠다는 발상이다. 영어몰입교육은 현 정권이 들어서기 전 인수위원장을 지낸 모 대학 총장이 추진한 교육정책 중 핵심이었다. 급변하는 글로벌시대에 경쟁에서 살아남기 위해서는 어릴 때부터 적극적인 영어교육을 해야 한다는 생각이었다.

'몰입'이란 무엇인가? 국어사전을 펼치니 '깊이 파고들거나 빠짐'이라고 정의된다. 영어몰입교육은 영어분야에 모든 것을 쏟겠다는 것이다. 모든 일은 사람마다 생각이 다르다. 찬성 쪽이나 반대쪽의 의견이 서로 타당성이 있기에 어느 쪽이 옳다고 찍어 내기는 어려운 문제일 것이다.

요즈음 세계적인 패러다임은 경쟁을 통해 효율성을 확보하려는 신자유주의시대이다. 잘 하는 학생은 더 잘할 수 있는 여건을 만들어 주자는 것이다. 교육의 수월성 확보이다. 하나의 지구 안에서 능력 있는 일꾼을 많이 길러 국가 경쟁력을 강화시킨다는 이론이다. 엘리트교육의 강화이다. 글로벌시대에 대응하여 영어활용능력을 향상시킨다는 생각이 찬성파의 주된 주장이다.

하지만 반대의견도 만만치는 않다. 초등학교 때부터 영어를 강화하면 소중한 우리말은 소홀히 하게 된다. 우리말과 민족에 대한 자긍심은 더욱 사라진다. 민족 언어의 정체성과 자주성의 약화가 불 보듯이 뻔하다. 현장에 투입할 수많은 영어 원어민 교사 확보와 예산문제도 만만찮다. 더욱 중요한 것은 우리말로 수업을 해도 이해가 어려운 것을, 영어로 하면 얼마나 학업성취도를 높일 수 있을까? '거름지고 장에 간다' 는 속담처럼 너도 나도 영어몰입에 빠지면, 온 국민을 사교육의 진창으로 밀어 넣는 결과가 된다. 삶은 더욱 캄캄해지고 빈 소주병만 춤을 춘다는 것이다.

몰입공부는 좋다. 그러나 나는 영어몰입교육은 싫다. 지금까지 해 온 영어교육이 무엇이 잘못된 것일까. 단순히 생각해도 한쪽으로 치우친다는 느낌이다. 현장의 소리를 잘 파악하지 못하고 나온 정책이 아닐까. 강남의 수준을 대한민국 전체 학생의 잣대로 보는 모양이다. 우리말로 수업을 해도 이해 못하는 내용이 수두룩하건만……. 진정으로 국민과 나라를 위해 나온 정책일까. 소통의 부재에서 나온 정책이 아닐까. 깊은 사색과 철학에 의해 결정된 정책은 아닌 것 같다. '빈익빈 부익부' 의 세습화에 날개를 달아주는 격이 되지 않을까 걱정된다.

나는 배우는 것을 즐긴다. 남보다 호기심이 많고 감성도 예민한 모양이다. 이곳저곳 기웃거리며 관심도 많이 쏟았다. 열정적으로 꽃피운 분야도 있고 슬며시 그만둔 일도 있다. 하고 싶은 것과 하기 싫은 것의 잣대는 사랑에 의해 결정된다. 사랑이 깊어지면 자연스레 몰입이 이루어진다. 십 수 년의 세월이 아마추어로서 프로의 문턱을 구경할 수 있는 계기를 만든다. 몰입이란 사랑과 신명이 있어야 가능하다. 진정한 사랑을 통해 이루어진다. "사랑하면 알게 되고, 알면 보이나니 그때에 보이는 것은 전과 같지 않으리라."라고 정조 때 문인 '유한준' 님의 글에서도 말하고 있다.

얼마 전 '저자와의 대화' 에서 '몰입' 의 저자 '황농문' 교수의 강의를 들은 적이 있다. 대부분 내용은 잊어버렸지만 몇 가지만 되새겨본다. "몰입에서 일어나는 중요한 것은 감정 변화이다. 자신감이 솟구치고 호기심이 극대화된다. 무엇보다도 최고의 즐거움, 즉 사고하는 즐거움에 푹 빠지게 된다. 몰입 사고에 들어가면 완벽한 삶을 살고 있다고 느낀다. 그리고 괄목할 성과를 가져온다."는 내용이다. 또 다른 책인 '몰입의 즐거움' (미하이 칙센트미하이 지음) 첫머리에 나온 '오든' 씨의 말도 읽는다. "참다운 삶을 바라는 사람은 주저 말고 나서라. 싫으면 그 뿐이지만. 그럼 뭣자리나 보러 다니든가.” 인생에서 긍정적인 생각의 중요성을 얘기한다. ‘피할 수 없으면 즐겨라’ 라는 말도 같은 맥락에서 다가온다. 즐기는 마음이 되면 사랑이 생기고, 사랑이 생기면 몰입이 되지 않을까.

비에 불어난 강물의 춤사위가 더욱 사납다. 송홧가루 닮은 출렁임이 가슴속을 시원하게 뚫어준다. 춤을 추는 물결은 우리가 살아가야 할 삶이다. 흐르지 않는 강물이 아니라 흐르는 강물에 삶을 풀어야한다. 편안함 보다 우직함에 사랑을 실어야한다. 정책이나 강요에 의한 몰입이 아니라, 신명과 사랑에 의한 몰입이 되어야하지 않을까하고 혼자 생각에 잠긴다.

담

얼마 전의 일이다. 문화예술회관에 들렀다. '담' 이라는 주제로 사진전을 하기에 자연스레 감상을 하게 되었다. 그림보다 사진에 매료되어 한참이나 작가가 추구한 세계로 빠져 들었다.

금방이라도 어머니가 버선발로 뛰어나올 것 같은 산골 토담이 있고, 기하학적인 무늬는 아름다우나 찬바람만 불 것 같은 연구단지의 금속성 담도 자리했다. 비릿한 해풍이 실려 오는 섬지방의 야트막한 돌담도 만났고, 수백 년의 역사가 숨 쉬는 산성山城의 화강암 담도 보았다. 담에는 고향 고샅길과 미래의 꿈이 보였고, 파도소리와 군졸의 함성도 들리는 듯 했다. 건너편의 상대와 단절을 의미하기도 하고, 외부로부터 나를 보호하려는 엄마의 품 같은 느낌도 들었다.

담에는 지난날 그리움이 숨어있다. 양지바른 담 아래 소꿉놀이하던 시절이 살아나고, 두근거리는 마음을 적은 쪽지가 그 너머로 오가던 사춘기도 아스라하다. 으스름달밤, 담 아래서 주고받던 사연은 삼십 년의 시간을 되짚어 달려가고 싶은 충동도 느낀다. 희뿌연 가로등 아래 긴 머리의 그림자만 봉창에 어른거려도, 설레는 가슴으로 별만 쳐다보았던 시절이 떠오른다. 그 때의 담은 단절도 보호도 아닌 단순한 경계이면서 그리움의 주체였으리라.

햇병아리 교사 시절이었다. 나른한 봄날 점심때였다. 좀 덜렁거리는 A 양의 보충수업비가 교실에서 없어졌다는 것이다. 사실 평소에도 갈무리하는 습관이 부족한 학생이어서 물건을 종종 잃어버리는 일이 있었지만, 금전사고는 문제가 심각했다. 어떻게 해결을 해야 하는가. 좋은 묘안이 생각나지 않았다. 다른 학교에 근무하는 친구에게 전화상담도 했었다. 으름장을 놓기도 했고, 눈을 감기고 양심에 호소하기도 했다. 다행히 그 다음날 한 학생의 도움으로 잘못한 학생을 찾아냈지만, 내 마음은 비오는 날처럼 어두워졌다. 순간적인 실수를 한 C 양의 어려운 가정형편을 알고 있었기 때문이다. 아뿔싸. 그녀가 다음 수업시간부터 나와 눈도 마주치지 않는 것이다. 미안해서일까? 마음의 담을 쌓은 것이다. 처음에는 내가 화를 많이 냈다. 새내기 총각 선생이라 여학생의 미묘한 감정을 살피지 못한 불찰도 있었으리라. 비록, 잘못은 C 양이 했지만 졸업할 때까지 내 마음도 편하지 않았다. 세월이 흐른 뒤 곰곰 돌아보니 자신이 한없이 부끄러웠다. 조금 더 지혜롭게 대처할 수도 있었을 텐데……. 잊고 살아왔지만 지금 그녀는 어떻게 살고 있을까? 이제는 만나서 터놓고 풀 수 있을 것이건만 그 날의 담은 내 가슴에도 C 양의 가슴에도 무너지지 않고 있다.

담이 없는 세상은 존재하지 않는가? 세상은 온통 담으로 싸여 있다. 자신을 보호하는 최소한의 담은 있어야 한다. 하지만, 물질의 그것이 높아갈수록 마음도 높아가는 현실이 슬프다. 몇 해 전 사회를 달구었던 촛불집회가 떠오른다. 개인의 담이 높아져 사회의 담이 된 것이다. 믿음과 소통이 자꾸 사라져가는 것 같다. 점점 커지고 단단해져 성城벽처럼 변한다. 높아지지 않았으면 싶건만 세상은 거꾸로 가는 듯하다.

다행히 수년 전부터 펼치고 있는 우리 고장의 역점사업이 밝은 미래를 꿈꾸게 한다. 담 허물기 사업이다. 요즈음 길을 걷다 보면 담이 없어지고 정원이 아담하게 바뀐 집을 이따금 만난다. 처음에는 공공기관부터 시작하여 조금씩 변화를 가져왔다. 대학 병원이나 학교의 울타리가 바뀌었고, 가정의 담도 많이 사라진 것이다. 빈자리는 큰 돌이나 꽃나무로 조경해 아름답게 탈바꿈 했다. 이 기회에 물질적인 담이 없어지듯 마음의 담도 함께 허물어졌으면 얼마나 좋을까.

늦은 오후 전시장을 빠져나와 가을 들녘으로 발길을 돌렸다. 홍역에 걸린 듯 가을산은 붉게 앓고 있다. 구절초와 잠자리 몇 마리 놀고 있는 논길에 들어섰다. 깊은 사색에 잠긴 듯 벼가 고개 숙인 둑길을 걸었다. 좁다란 둑이 옆 논과의 담이다. 최소한의 경계를 이룬 납작한 담이다. 정이 넘치고 평화롭다. 양쪽으로 이삭들이 어깨를 나란히 하고, 햇볕과 바람도 같이 받으며 살아간다. 낮은 곳으로만 흐르는 겸손한 물도 함께 마시며 자랐다. 그들에게 담은 단절이 아니라 공생의 의미로 지탱하여 온 것이리라. 열어놓고 더불어 살아가는 자연의 섭리를 일러주는 듯하다.

서늘한 바람 한 장 무심히 둑길을 달려간다.

거울

"소영아, 또 거울 보니? 빨리 가방에 집어넣어라."

조금 전에 주의를 주었건만, 소영이는 책상 위 교과서 밑에 숨겨둔 손거울을 만지고 있다. 남학생들만 있던 시절에는 볼 수 없던 일이다. 수 년 전, 남녀공학이 되고 생겨난 현상이다. 외모에 관심이 많은 여학생들의 가방 속에는 거울 하나쯤은 다 있다. 중요한 것은 공부시간에 수시로 거울을 보며 수업에 지장을 주는 행동이다.

아름다움을 추구하는 것은 인간의 본성이다. 한창 꽃피는 사춘기의 그들에겐 모든 것이 아름답다. 끓는 피가 샘물처럼 솟구치는 청춘이다. 찬이슬 머금은 쑥부쟁이 한 송이에도 외로움을 느끼고, 오동나무 한 잎 떨어지는 모습에도 눈물 글썽이는 나이이다. 세상이 모두 아름다움의 대상이다. 누가 아름다움을 싫어하겠는가. 하지만 현대는 겉모습의 아름다움만 부추기는 사회다. 매스컴뿐만 아니라 온갖 광고매체에서 미모를 첫 조건으로 내세운다. 인기연예인을 본받으려고 외모에 집착을 한다. 거울 앞에서 그들과 닮으려고 노력을 한다.

사람은 누구나 일과를 시작하면서 여러 번 거울을 본다. 출근하기 전에 몇 번이나 옷매무새를 고친다. 화장실이나 사무실에 거울이 없다는 것은 생각조차 할 수 없다. 학생들도 교실에 들어오면 한쪽 벽에 걸려있는 큰 거울에 자신을 비춰보고 자리에 앉는다. 하루를 시작하면서 자신의 본모습을 확인한다. 단정한 모습으로 즐거운 하루를 여는 자세다. 바람직하고 긍정적이다. 문제는 너무 외모에 집착한다는 점이다. 수시로 손거울을 보며 외모에 신경을 쓰느라 수업을 소홀히 하는 일이 많다. 그들이 자신의 모습을 거울에 비춰 보면서 많은 생각을 하지만, 대부분은 비슷한 생각이다. '왜 나는 멋진 탤런트들처럼 생기지 못했을까.' 라고.

쉬는 시간에 잠깐 교실에 들어가니 뒷벽 거울 앞에 또 학생들이 모여 있다. 서로 얼굴을 보며 얘기중이다. 여드름 때문에 걱정이라는 말과, 콘택트렌즈 부작용으로 눈이 충혈 되었다는 등 외모이야기가 끝이 없다. "마음을 예쁘게 가져야지." 라고 말하니 "얼굴만 예쁘면 돼요."하고 대답한다. 심상은 보지 못한 채 허상만 보는 현실이 안타깝다.

거울에 비친 내 모습을 보며 곰곰이 생각에 잠겼다. 듬성듬성한 머리숱, 작은 키, 안경 속에 희미한 눈동자, 무엇하나 썩 마음에 드는 것이 없다. 허상 속의 내 모습이다. 살아가면서 외모는 상당한 비중을 차지한다. '같은 값이면 다홍치마' 란 속담이 이를 잘 표현한다. 얼굴이나 몸매의 아름다움도 중요하다. 하지만 진정한 아름다움이란 외모보다 내면의 아름다움이 먼저 아닐까. 아름다운 세상을 만드는 것은 아름다운 마음을 가진 사람들이다. 마음의 거울에 비친 모습이 중요하다. 심상의 아름다움이다. 배려하는 마음이 없고 외모만 자랑하면 세상은 더욱 어두워진다.

세상을 비춰주는 거울은 많다. 산길에서 만난 잔잔한 계곡물도 거울이다. 낙엽이 수북이 물속에 잠겨있다. 문득 그 속으로 들어가 본다. 허상 속에 보이던 것과 다른 세상이다. 살아보지 않은 길 밖의 길이 펼쳐진다. 맑은 하늘이 내려오고, 고운 단풍이 떨어진다. 피라미 몇 마리 겨드랑이를 스친다. 모든 것이 아름답고 고요하다. 마음속에 아름다움이 존재한다. 보이는 곳과 보이지 않는 곳 모두가 평온하다. 마음의 눈도 크게 뜬다. 아무렇게나 놓인 작은 돌 하나에도 생명의 아름다움이 숨 쉰다. 만물은 존재하는 그 자체가 아름다운 것이다.

나이가 들수록 심성의 중요성을 느낀다. 세월의 흐름은 거울에 비친 마음을 볼 수 있는 능력도 조금씩 준다. 요즈음은 학생들에게 거울을 볼 때 마다 착한 마음 한 번씩 가지라고 말을 한다. 그들이 심성에 대한 생각을 많이 하면 좋겠다. 거울 속에서 외모만 비춰볼 게 아니라 고운 마음까지 보려고 노력을 하면 얼마나 좋겠는가. 미래의 밝고 아름다운 사회는 너희들에게 달려있다고 종종 얘기한다. 외모보다 아름다운 심성을 가진 사람이 많은 튼실한 사회를 꿈꾸면서 오늘도 거울을 보며 하루를 시작한다.

봄이 왔건만 봄이 아니다

눈이 부시다. 베란다 건너 산 풍경이 황홀하다. 넘실거리는 연초록의 숲이 가슴에 안긴다. 늦게 눈뜬 벚꽃들이 숲 응달에 물 뿌린 듯 허옇게 수놓고, 바람 한 장에 숲은 초록의 물결로 춤을 춘다. 정원의 살구나무는 붉은 꽃망울을 터뜨리고, 아침 문안 나온 작은 멧새 한 마리 즐겁게 지저귄다. 길게 기지개를 켜니 손가락 끝 실핏줄까지 시원해진다.

며칠 전까지 날씨가 변덕을 부리더니, 오늘은 화창하고 따뜻하다. 자연의 움직임은 순리를 벗어나지 않는다. 마음마저 느긋해지는 것 같았는데 한 통의 전화 내용에 우울하다.

갑자기 전해온 지인의 부음 때문이다. 그는 육 척이 넘는 큰 키와 우렁찬 목소리를 지닌 음악교사였다. 이 년 전 후두 근처에 종양이 생겨 치료한다기에 별일이 아닌 줄 알았다. 달포 가량 치료 후 다시 근무를 했다. 그러나 작은 종양세포는 걷잡을 수 없이 퍼져 나갔다. 결국 현대의학으로는 해결하기 힘든 상황까지 몰고 간 모양이다. 지난해 팔월 명예퇴직을 하고 요양에 들어갔다고 들었는데 오늘 영면했다는 소식이 왔다. 눈가가 젖어든다. 허망하다. 어느 누구보다 건강했지만, 눈에 보이지 않은 작은 세포와의 싸움에 허물어졌다는 사실이 슬프다. 건강하다는 것이 무엇일까? '강한 자가 살아남는 것이 아니라, 살아남는 자가 강하다.' 라는 말이 머릿속을 지나간다.

고등학교에 근무하는 그와 특별한 교분이 있는 것은 아니다. 하지만, 몇 년 전 '개교 100주년 기념 백두산 탐방' 과 이듬해 '중국 황산 트레킹' 을 부부와 함께 했기에 다른 사람보다 더 안타깝다. 듬직한 체구로 총무를 맡아 이리저리 뛰어다니던 모습이 선하다. 몇 년 전 정월 '중국 황산 트레킹' 때의 일이 떠오른다.

여행 마지막 날이었다. 아침 8시 출발예정인 한국행 비행기가 항주 공항에서 발이 묶였다. 새벽부터 낀 짙은 안개 때문이었다. 대기실에서 무작정 기다릴 수밖에 없었다. 두세 시간이 지나도 계속 연기 소식만 들렸다. 오후가 되어도 안개가 걷히지 않았다. 시간은 자꾸 지나가고 초조함과 답답함만 더할 뿐이었다. '오늘 이륙을 못 할 수도 있겠구나.' 라는 생각도 들었다. 하릴없이 면세점 주위만 서성거리는 일행들에게 그가 한 가지 제안을 했다. 그냥 무료하게 기다릴 것이 아니라 여기서 노래자랑이나 한마당 펼치자고. 생각지도 않은 일이 공항 대기실에서 벌어졌다. 기다림에 지친 다른 승객들도 손을 흔들고 휘파람을 불며 야단법석이 되었다. 멋들어진 가곡이 나오는가 하면 유행가도 부르고……. 나도 동료에게 떠밀려 판소리 '춘향가' 를 부르게 되었다. 다른 한 동료는 급히 면세점에 있는 부채를 잠시 빌려와서 내 손에 전해주어 웃고 즐긴 기억이 어제 같다. 긴장과 피로를 잠시나마 잊을 수 있었다. 멋진 선글라스 차림에 손뼉을 치며 추임새를 넣던 그의 얼굴이 지금도 생생하다. 다행히 저녁 5시쯤에 비행기를 탈 수 있었다.

'오는 순서는 있어도 가는 순서는 없다.' 라는 말이 가슴을 아프게 한다. 내일의 일은 알 수가 없다. 나보다 몇 년 아래지만, 지천명을 넘은 삶은 누구도 앞날을 가늠하지 못한다. 그의 삶이 바로 내 삶이기 때문이다. 그래서 더 슬프고 안타깝다. 눈을 감고 지난날을 천천히 돌아보니 지금 이 순간의 소중함이 절실하게 다가온다. 정원의 나뭇잎 하나, 앙증맞은 풀꽃 한 잎 모두가 아름답고 소중하게 보인다. '모든 순간이 꽃봉오리인 것을' 이라는 정현종 님의 시도 생각난다. 눈에 보이는 모두가 사랑하고 보듬어야할 대상이다. 올해는 유난히 잔인한 봄을 보낸다. 저녁에 영안실에 들러 그의 명복을 빌어 주어야겠다.

봄이 왔건만 봄은 아닌 것 같다.

다른 어둠을 감싸다

한로寒露 지난 저녁에는 어둠이 잰걸음으로 다가온다. 7시 조금 지났건만 사방은 캄캄하다. 건너편 아파트의 불빛만이 세상을 읽고 있다. 밝음보다 어둠을 좋아하는 사람이 없겠지만, 어두운 기사가 신문 지면에 넘친다. 슬픈 사연에 가슴이 답답하다. 사회의 어둠은 사람을 가라앉게 한다. 내면의 비양심이 어둠속에 숨어서 꿈틀거린다. 밝음 속에서는 점잔을 빼지만, 어둠 속에서는 속내를 알 수가 없다.

현대는 디지털의 꽃인 컴퓨터 전성시대이다. 하루라도 온라인을 통하지 않고서는 소통도 대화도 원만히 이루어지지 않는다. 대부분 대형 포털 사이트에서 제공한 블로그 시스템을 통한 소통을 한다. 여기서 나타난 것이 댓글문화이다. 한 게시물 바로 밑에 즉시 남길 수 있는 짧은 글로서 답글[reply리플]이라고도 한다. 주로 짧은 감상이나 비평 중심의 내용이다. 다양한 대화와 논리적인 토론 및 토의도 가능하지만, 실제로는 감정적인 반대나 단순하게 맞장구치는 글이 대부분이다. 사이버세계는 보이지 않는 어둠의 세계다. 잠재의식 속에 숨어 있던 나쁜 감정이 살아나기 좋은 환경이다. 칭찬보다는 질투의 감정이 더 많이 나타난다. 글을 쓰는 내가 보이지 않고 신분이 쉽게 알려지지 않는다는 익명성 때문에 어둠속에서 악의 꽃이 활개를 친다.

얼마 전에 유명을 달리한 한 탤런트의 인생이 우리를 슬프게 한다. 어려운 환경에서 성장한 그녀는 온갖 고난을 이겨내고 인기 정상에 올랐다. 서민적인 삶의 성공이었기에 더욱 환호를 받았고, 죽음이었기에 한층 안타깝고 슬퍼했었다. 그녀의 죽음에 대한 많은 원인이 제기되었다. 그 중 가장 큰 원인이 악성 댓글에 의한 스트레스라고 한다. 어둠 속의 댓글이 사람을 견디지 못하게 한 것이다. 악성 댓글은 침묵의 살인자이다.

밝음에 대비되는 어둠은 자연현상이다. 음陰과 양陽이라는 두 개의 개념으로 대비되는 음은, 반드시 있어야 할 어둠이다. 만물의 생성과 소멸이 여기서 나온다. 지그시 두 눈을 감고, 마음의 창을 살짝 연다. 어둠이 또 다른 어둠에게 묻는다. 우리네 삶의 어둠은 어디에서 시작되었는가를? 지독한 외로움인가. 배려를 잃은 독선에서 나온 것인가. 이기심과 자만의 선물인가. 슬프게도 세상은 나날이 팍팍해진다. 빈익빈 부익부로 달음질치는 사회가 세상을 어둡게 한다. 대낮부터 지하철 구내에서 소주잔을 기울이는 노숙자의 헤진 옷자락에서 어둠이 춤을 춘다. 실직을 비관하고 끝없이 몸부림치다가 스스로 목숨을 끊은 한 가장의 어둠이 또 우리를 슬프게 한다.

늦은 밤 베란다 창가에 선다. 밝은 달빛이 어둠속의 거리의 천천히 걸어간다. 건너편 아파트 모퉁이의 가로등 불빛이 환하다. 지상의 어둠을 밝히는 빛이다. 아래층에서 아기 울음소리가 들리고, 가족들의 환한 웃음소리도 새어 나온다. 손끝에서 따뜻한 촉감이 살아난다. 별들도 포근히 내려다본다. 잊고 살았던 세상의 밝은 불빛이 깨어난다. 어둠을 밀어내는 밝음에서 사랑의 실체를 생각한다. 상대를 배려하는 따뜻한 인정이 넘칠 때 세상은 시나브로 밝아지지 않을까.

9자字 년의 비망록備忘錄

'당신은 어느 숫자를 가장 좋아하는가?' '0에서 9까지 중에 하나를 고르시오' 하고 고른 숫자로 성격을 살펴보는 놀이를 한 적이 있다. 서양 사람들은 행운의 숫자인 7을 좋아하고, 동양인들은 발음이 같은 4死는 피하고 다른 하나를 고른다고 한다. 나는 뚜렷한 이유 없이 9를 선택한 기억이 난다. 화투치기에서의 가보(아홉 끗)를 생각했을까. 인생에서 아홉(9)수는 넘기 어려운 관문이라는 말도 들었는데.

1959년. 일곱 살로 기억된다. 종손으로 할머니의 사랑을 독차지하던 그해 가을, 나는 할머니를 따라 서울에 있는 고모 댁에 갔다. 온종일 완행기차를 탄 기억이 생생하다. 잃어버리지 않으려고 할머니 치맛자락을 꼭 잡고 탄 기차 안은 마치 시장 안 같았다. 좁고 복잡한 통로를 온갖 상인들이 지나갔고, 정차하는 역마다 특산물들을 팔러온 장사꾼들로 북적거렸다. 할머니 치마 속의 염낭이 열릴 때마다 나는 맛있는 간식을 맛볼 수 있었다. 차창 밖의 풍경이 모두 경이로움이요 신천지였다. 몇 정거장씩 가다가 특급열차를 먼저 보내느라 정차를 했다가 출발을 하니, 아침에 대구에서 출발했는데 해가 지고 나서 서울역에 도착했었다. 지루하기도 했지만 즐거움은 갑절이었다.

1969년. 꿈 많은 고등학교 신입생 시절이었다. 그해부터 시작된 동일계 고등학교 무시험 전형으로 입시지옥도 겪지 않고 진학을 했다. 점잖으면서도 강인한 인상의 K 담임선생님은 영문학전공을 했고 산악부도 맡으셨다. 일 년 동안의 학교생활은 정말 재미있었다. 학생들이 수업에 싫증을 내면 산에서 겪은 여러 가지 일화로 분위기를 바꿔 주기도 했다. 그해 상영된 '사운드 오브 뮤직' 이란 영화를 단체관람하게 되었을 때이다. 주제가인 '도레미송' '에델바이스' 등을 수업 중에 먼저 가르쳐 주고 관람을 하게 한 자상한 면도 있었다. 내 진로를 선택할 때 영향을 많이 주신 분이다. 당시 처음으로 '클로버형태의 입체 인터체인지' '슈퍼마켓' 등의 새로운 내용이 실린 영어교재로 미래에 대한 정보도 알뜰히 챙겨주어 꿈에 부푼 나날이었다.

1979년. 산골 학교에 부임한 지 4년째이다. 사방은 첩첩산중. 산비탈 따라 손바닥만한 다랑이 논들이 있고, 구부러진 국도가 플라타너스 가로수의 호위를 받으며 강원도로 이어진 곳이다. 산 중턱에 자리 잡은 아담한 교정은 저물어 가는 햇살 속에 아늑하다. 토요일 오후지만 운동장은 고요하다. 방과 후면 아이들이 집에 가서 농사일을 돕느라 공놀이도 즐길 여유가 없는 산골이다. 시내 사립 고등학교 근무 유혹을 뿌리치고 나름의 뜻을 두고 이곳에서 교직 생활을 시작했다. 오늘 둘째시간 한문수업 중 숙제를 안 했다고 벌을 준 ○○이, ○○가 눈에 어른거린다. 알고 보니 집에서는 밭일 도와주기에 책을 펼칠 틈이 없었다고 한다. 사정도 모르고 꾸중부터 한 자신이 밉다. 검게 탄 피부, 반짝이는 눈동자의 순박한 그들이 내 가슴속에 들어 와 있었다. 교무실 창가에 서서 건너편 산 능선의 나무들이 바람에 일렁이는 것을 지켜본다. 이 아이들에게 꿈과 사랑을 심어 주기 위해 산골학교를 택했지만 언제까지 내가 지키고 있을까도 생각했다.

1989년. 평생 산골 교사의 꿈도 버리고 도시의 삼 학년 담임을 맡고 있다. 교직이 천직이란 의미도 잊고 지낸 지 오래다. 간혹 산골 생활이 그립기도 하지만 지난날을 돌아볼 여유도 별로 없다. 평범한 생활인이 되어 세월 속에 묻혀 지낸다. 방송수업, 정규수업, 보충수업으로 하루가 정신없이 지나간다. 느긋함은 잊어버린 지 오래된다. 한때는 꿈도 많고 이상도 높았건만, 내 삼십 대의 젊음이 이렇게 저물고 있었다. 무엇이 바쁘다고 내가 이러는 것일까. 혼자 몸부림쳐도 찻잔 속의 파도이다. 어린아이 둘에 아내와 어머니까지 거느린 평범한 가장 노릇에 힘이 부친다.

1999년. 내년이면 종말이 온다고 사이비종교들이 활개를 치고 있었다. S시장 길거리에서 말세를 주장하는 사람들을 보면 측은한 생각이 들었다. 자기 나름대로의 교리로 주장하지만 2000년이라는 것도 당연히 다가올 사람이 만든 숫자가 아닌가. 세상은 우주의 움직임에 따라 순리대로 순환하건만 그것을 악용하는 논리에 현혹되는 사람들이 있으니 안타깝다. 교직생활 처음으로 비담임을 맡았다. 작년까지 일에 너무 지친 나를 배려한 결과이다. 자질구레한 일로인한 학생과의 만남은 적고 수업만 하니 수월하다. 사람들과 부대낀다는 것이 얼마나 힘든지 비담임을 하니 절실히 느낀다. 교육에 별로 도움이 안 되는 잡무만 쌓이는 현실이 답답하다. 줄인다는 말만 많고 갈수록 늘어나는 게 잡무의 속성인 모양이다. 내년이면 새롭게 담임을 맡겠지만, 올해는 재충전으로 심신의 활력을 얻으리라.

2009년. 세상의 흐름이 너무 빠르다. 지난해 가을 어느 날 직원들과 간 야간산행 때였다. 이런 저런 얘기 중에 지금 세 가지 소원을 들어준다면 무엇을 말할 것인가 했다. 말은 하지 않았지만 내 마음속에는 몇 가지가 떠올랐다. 첫째는 담임 직책을 그만 두는 것이고 둘째는 머리카락이 더는 빠지지 않는 것이다. 마지막은 한창 맛 들인 판소리 예닐곱 곡을 익숙하게 삭히는 일이다. 돌아보니 너무 이기적인 것뿐이었지만 가장 현실적인 소원이었으리라. 최근 며칠간 퇴근 후에 앞산에 올랐다. 삼십분 남짓 오르면 주인 없는 밤나무 밭 옆으로 산길이 이어진다. 산행을 위해서라면 계속 올라가야 하지만 번번이 밤나무 밑을 서성거렸다. 밤 몇 톨 주울 욕심이 더 컸다. 계곡 밑을 헤매며 지팡이로 헤집다 보니 날이 어둑어둑해졌다. 가시에 몇 번 찔렸지만 물욕에 무너진 나를 본다. 불룩한 호주머니를 만지며 내려오는 나 자신이 우습기도 하고 한심하기도 했다.

2019년. 퇴직을 하고 칠순을 바라보는 나이일 게다. 그때도 좋아하는 산에는 자주 다니고 있을까. 여전히 판소리에 빠져 지내고 있을까. 글에 대한 열정이 살아 있을까. 내 삶에 대한 여유는 언제까지 이어질까. 안개 속의 세상일 것이다.

9자 년의 비망록을 통해 본 내 삶의 한 조각이다. 미래의 한 해도 슬쩍 보려 했지만 신의 영역이라 출입 금지다. 평범한 일상을 살아왔지만, 후회와 공허함이 자주 든다. 불꽃 티는 격렬함도 없었고 목적을 위해 집념에 사로잡힌 적도 없었다. 무미건조했지만 큰 파도는 없었기에 어쩌면 복 받은 삶이기도 하다. 물결 따라 춤을 추는 나뭇잎 되어 이리저리 일렁거리며 긴 여행을 하듯 살아온 삶. 종착점인 바다까지는 얼마나 남았을까. 천천히 살아온 대로 살아갈 뿐이다. 더불어 기뻐하고 슬퍼하며 걷는 삶의 여정을 출렁이는 물결에 맡긴다.

붙임 : 2009년의 겨울은 비 맞은 병아리 신세 같다. 냄새도 형체도 없고, 눈도 귀도 없는 신종플루가 세상을 들었다 놓았다 한다. 그는 어린이와 노약자를 치명적으로 괴롭히는 악마의 속성을 즐긴다. 나도 아내와 함께 그를 떨쳐 버

리려고 한 달 남짓 고생을 했다. 하루하루 산다는 것이 두렵다. 전에는 느끼지 못했던 감정이다. 세기말 현상도 이와 비슷하지 않았을까? 9자 년의 끝은 삼차 방정식 풀기보다 어려운 세상이다. 이 칙칙한 세월의 터널을 지혜롭게 빠져나가야 할 텐데. '세월이 약이다' 라는 말만 곱씹어 본다.

제 4부
어떤 만남

세월은 가는 게 아니라 쌓인다고 했다
켜켜이 쌓아온 세월 속에 술잔을 앞에 놓고 삶을 돌아보는 것일까
열이틀 휘영청 달빛에 젖은 감포 앞바다를 창 밖에 두고
죽마고우와 살아온 세월의 훈장을 꺼내 보는 것이리라
가슴 벅차게 행복한 날도 있었을 테고
설움에 겹도록 마음 저린 날도 있었을 것이다

어떤 만남

조촐하고 깔밋한 모임이었다. 어둠이 슬슬 세상을 물들일 무렵, 별이 하나 둘 뜨는 언덕길을 천천히 올랐다. '들메꽃' 이라, 이름도 참 곱다. 삐걱, 정겨운 소리 내는 찻집의 문을 밀었다. 하얀 이가 조팝꽃처럼 예쁜 글벗이 빙긋 웃으면서 맞아준다. 환한 마음이 부딪혀 찻집 안이 더욱 밝아진다.

만남이란 새로운 인연의 줄을 잡는 것이리라. 가뭄 끝에 단비 같은 인연도 있고, 생각만 해도 거부감이 앞서는 인연도 생긴다. 삶이란 럭비공 같아 어디로 튈지 아무도 모른다. 사회생활을 하다보면 많은 모임에 자의 반 타의 반으로 몸을 싣는다. 야박한 이해관계가 얽힌 불편한 모임에도 갈 수 있고, 마음씨 좋은 재래시장 아주머니 얼굴 같은 푸근한 모임에도 간다.

오늘 만남은 글쓰기로 맺어진 모임이다. 삶에 대한 사랑이 넘치는 사람들이다. 성장과정과 문화적 환경이 달랐지만, 오직 삶에 대한 진솔한 이야기를 풀어보자는 순수한 심정만은 같았다. 엄마의 품에 잠든 어린아이 마음으로 삶의 보퉁이를 펼친다. 진지한 눈빛, 한마디 한마디 사랑과 애증이 깃든 인생철학에 환하게 웃고 즐겁다. 아무런 사심이 없다. 지그시 눈을 감고 귀만 열어도 부자가 되는 시간이었다.

글쓰기란 무엇일까? 서로 의견이 다양했다. 강의실에서 배운 주제, 구성, 문체도 중요하지만, 더 소중한 인생의 바탕을 우리는 함께 공부한다. 소박하고 꾸밈이 없는 삶, 남을 배려하는 마음이 최고의 글쓰기라는 사실을. 물론 어떻게 표현하느냐의 방법상 어려움은 있지만, 따뜻한 사랑과 꾸밈없는 마음만 있으면 반은 도달한 것이라는 결론을 얻었다.

시간이 흐를수록 웃음소리도 커지고 얘기도 맑아진다. 은은하고 고풍스런 찻집 분위기는 심성을 향긋하고 탱탱하게 살찌워준다. 송홧가루 빛깔 닮은 보이차 향기가 벽 한쪽에 쳐 놓은 반야심경 여섯 폭 병풍 속에 녹았다가 방안을 감돈다. '색불이공 공불이색 색즉시공 공즉시색色不異空 空不異色 色卽是空 空卽是色……' 눈길 닿는 글귀 따라 속으로 읊조리니 한결 마음이 온화하다.

끊임없는 사회 부조리가 환을 치는 세상에, 이렇게 순수하고 아름다운 모임이 있겠는가 하는 유치원 원장님의 마음속엔 꽃불이 환하다. 학부모와의 면담시간, 두 시간 넘게 같은 말을 되풀이해도 웃으면서 받아주는 분이다. 질서와 예의가 실종된 교육현장을 안타깝게 바라보는 시선이 따스하다. 물질의 풍요도 중요하지만 정신적 성숙이 뒤따르지 못하는 현실이 답답하다. 너무 빨리 무너져 버린 교육현장을 진정으로 걱정하는 선생님이 계시기에, 내일의 아이들에게는 희망을 품을 수도 있었다. 말보다 몸으로 사회봉사를 실천하시는 웃음치료사님의 배려심도, 모두의 가슴에 곱게 새겨지는 아름다움이었다. 글쓰기 공부라는 인연으로 만났지만, 글보다 더 멋진 삶을 배우는 시간에 모두가 첫 시간 '처음처럼' 의 순수함에 빠졌다.

밤이 무르익는 시간, 열정어린 회원 한 분이 살짝 문을 밀고 들어온다. 저녁 9시가 지난 늦은 시간이지만, 잊지 않고 찾아온 마음이 매우 아름답다. 그만큼 뜻이 깊고 정겨운 모임이었기 때문이리라. 가게를 하시는 분이라 마지막 정리까지 하고 허겁지겁 온 모양이다. 살며시 잡은 손은 차가왔지만, 배려하고 베풀려는 따스한 이야기로 방을 훈훈하게 만들었다. 이런 따뜻함이 동심원으로 퍼져 사회의 어렵고 힘든 사람에게도 골고루 전해졌으면하는 마음이 간절하다.

삶에는 여러 종류의 만남으로 연결된다. 부모 자식 간 핏줄에 인한 만남이 첫 단추이고, 소꿉친구에서 이어져 학교에서 맺은 동기생으로서의 만남이 다음이다. 평생 직장동료로서 끈끈한 정으로 뭉쳐진 만남도 있고, 배움의 갈망에 취해 모인 동호인으로서의 만남도 있다. 만나지 말아야 할 부정적인 만남도 생기고, 꼭 만나야 할 필연적인 만남도 생긴다. 나름대로 명분과 인연이 깃든 소중한 만남이 수없이 많을 것이다.

오늘의 만남을 다시 천천히 되새겨본다. 글쓰기라는 명분으로 한 사람씩 인연의 고리를 걸었다. 아무런 이해관계도 없었다. 나이도, 지위도, 성별도, 지역도 문제 되지 않았다. 모두가 삶의 고개 중턱을 넘어갈 무렵이다. 바쁘게 앞만 보고 살아온 자신을 한번쯤 돌아보고 싶어 시작했으리라. 마음속 깊이 숨겨져 있는, 또 다른 자신의 본모습을 찾고자 모인 것이리라. 켜켜이 숨겨 놓았던, 억눌러 있었던 응어리를 이제는 털어내고 다독이려고 참석한 만남이리라.

구수한 얘기가 익어갈수록 마음도 붉게 물들어간다. 살아온 소박하고 정겨운 얘기가 밝은 웃음 따라 방안을 맴돈다. 노란 보이차 맛에 취하고, 그립고 아름다운 사람들의 마음에 서로 잠긴다. 고전에서만 읽고 그리워했던 옛사람의 모임도 이러했으리라. 단출했지만 살가운 오늘 만남처럼.

절정

숨이 턱 막힌다. 아름다움과 아늑함의 최고가 이와 같을까? 넓게 펼쳐진 연밭에서 받은 첫 인상이다. 예닐곱 살 아이가 팔을 벌린 만큼 큰 연잎들이 셀 수 없이 누워있는 유호원지! 새파란 개구리밥들이 벚꽃잎처럼 물에 떠 있고, 연분홍으로 쏘옥 내민 꽃봉오리들이 하늘바라기를 한다. 사춘기 소녀의 가슴처럼 봉긋한 봉오리에 바람이 앉았다가 일어선다.

해거름에, 약속한 친구와 동행이다. 보름 전에 갔더니 봉오리들이 막 눈을 비비고 있었다. 드문드문 날개를 활짝 편 꽃들도 보였지만 아직은 개화를 위한 숨고르기 중이었다. 그때 찍은 사진을 본 친구가 감탄을 해서 오늘 같이 가기로 한 것이다. 저녁 7시가 넘었지만 싸라기 같은 햇빛이 시골길을 넉넉하게 밝혀 준다. 말라가는 풀냄새만 차창으로 솔솔 들어와 농촌의 맛을 느끼게 한다.

천천히 못 둑에 들어섰다. 해질녘 연밭에서 밀려오는 향기를 맡은 적이 있는가? 향긋한 꽃과 수초들이 풍기는 냄새가 아찔하다. 입속에는 고향 어머니가 삭혀 주신 콩잎의 간간함을 느낀다. 반짝이며 때로는 속삭이듯 연잎들이 바람에 몸을 흔든다. 우뚝한 꽃대 위엔 분홍 한복으로 곱게 치장하고 부채를 흔드는 여인 같은 연꽃이 몸을 흔든다. 또르르 흐를 듯 물방울이 조금 담긴 잎, 좌우로 이미 말려들어가 고개 숙인 잎, 하늘 향해 온 몸을 활짝 펼친 잎들이 우리를 반긴다.

"야. 저기 저 꽃 좀 봐."

"정말 환상적이네. 진흙 속에서 저렇게 아름다운 꽃을 뽑아내다니 대단해."

"꽃말이 '순결' '청순한 마음' 이라더니 참 잘 어울리네."

"티끌 하나 없이 맑고 부드러우니 무슨 말이 필요할까?"

주고받는 이야기를 듣는 듯 가까운 꽃의 꽃잎이 파르르 떨린다. 바람의 힘일까? 말을 듣고 화답하는 줄로 착각한다. 몇 달 전 나무로 새로 만든 둑 위의 산책로에는 꽃들이 손에 잡힐 듯하다.

"저렇게 아름다운 꽃을 보고 있으면 마음이 편안해져. 어찌 보면 우리의 삶도 저 꽃처럼 살다가 가는 순간이 아닐까도 생각돼. 절정의 순간에서 한 걸음 내밀면 영원으로 사라지는……."

그가 몇 년 전에 타계한 친구 얘기를 하다가 깊은 생각에 잠긴다. 촉망받는 전문직으로 누구보다 치열한 삶을 살던 친구가 수술 후 유증으로 요절한 사연을 들려준다.

"그 사건 이후 산다는 것에 대한 회의가 많이 들었어. 어떻게 살아가는 것이 잘 사는 것인지? 운명은 정말 정해져 있는 것일까? 하고 싶은 일을 하고 사는 사람이 얼마나 될까? 나는 지금 같은 생활의 반복에 지치고 있어."

나직이 말하는 그의 눈에 이슬이 잠깐 비치는 듯하다.

"하지만 넌 지금 최선의 삶을 살고 있잖아. 얼마간의 사회적 지위와 명성 그리고 부도 차지하고 있는 지금이 가장 좋은 것 같은데."

"글쎄? 그럴까?"

어둠이 느릿느릿 깔린다. 마침 건너편 멀리 떨어진 집에서 뭉클뭉클 연기가 오른다. 어린 시절이 떠오른다. 초등학생 때 여름 방학이면 시골에 있는 외가에 가곤 했다. 삶은 감자나 옥수수로 저녁을 때우고, 마당에 깔린 멍석에 누워 있으면 옆에 피워놓은 모깃불의 매캐한 연기가 지금처럼 솟아올랐다. 그리운 외할머니와 외할아버지 얼굴이 지나간다. 지나간 추억은 모두 아름답고 그리운 모양이다. 문득 하늘을 쳐다보았다. 초롱초롱한 별이 하나 둘 내려다본다.

"아름답네. 시골에서 별을 보니 더 많고 또렷해."

"여긴 유난히 별이 잘 보이네. 요샌 시골에도 주변의 불빛이 없는 곳이 별로 없어서 옛날처럼 별도 많이 볼 수 없을 거야."

"그래, 다 지나간 날이 그립지."

도란도란 얘기 속에 못 둑을 한 바퀴 돌았다. 가로등이 밝은 곳으로 접어들었다. 도로 옆의 불빛에 비친 연밭은 아까와는 또 다른 새로움을 연출한다. 꽃마다 허연 달빛을 부어 놓은 듯 은은하면서도 고운 자태에서 산골소녀의 청순한 얼굴이 겹쳐진다. 함께 걷는 친구의 뺨에도 꽃봉오리의 맑은 빛이 물든다. 어둠 속에서 비치는 빛은 진흙 속에서 피워 올린 연꽃과도 같이 깨끗하고 담담하다. 사랑스럽다. 꼬옥 안고 싶다. 저 꽃봉오리처럼 지금 순간이 내 삶의 절정이 아닐까?

천천히 둑길을 걷는 등 뒤에는 별빛만 소리 없이 내린다.

세월의 훈장勳章

오랜만에 가족들과 동해로 여행을 갔다. 늦은 오후 철썩이는 파도가 창을 밀고 들어올 듯한 민박집 2 층에 짐을 풀었다. 멀리 대왕암이 손에 잡히는 대본 앞바다가 눈앞에 펼쳐진다.

민박집 2 층은 다섯 개의 방이 붙어있다. 아침에는 떠오르는 해가 수평선 위를 걸어오고, 밤에는 달빛이 물결 타고 춤추는 선경이 펼쳐진다. 저녁 8시가 좀 지났을까. 왼쪽 방으로 남자 손님들이 들어가는 기척이 난다. 조립식으로 지었기에 조용히 누워 있으면 옆방의 소리가 간간이 들린다. 따로따로 방에 있지만 한 방에 있는 느낌이다.

자려고 누웠지만 방바닥이 너무 뜨거워 쉽게 잠이 오지 않는다. 체기가 있던 아이는 오전의 내연산 산행이 피곤했는지 벌써 깊은 잠에 빠져 다행이다. 옆방에서 술자리가 벌어진 모양이다. 들리는 목소리로 짐작해보니 70대 후반의 노인인 듯싶다. 걸걸하고 쉰 목소리의 한 분이 길게 얘기를 하고, 나직한 목소리의 두 분이 맞장구를 치는 듯하다. 한세월 살아온 분들이 삶의 필름을 돌리고 있다.

술이 혈관 속을 한 바퀴 돌았을까? 갑자기 노래가 들려온다. 쉰 목소리의 주인공이 천천히 *엔카를 부른다. 느린 듯 감돌아 이어지는 트로트[trot] 곡조 비슷한 노래이다. 일행들도 서너 소절을 따라 부르더니 곧 잠잠해진다. 술잔을 주고받으며 지난날의 얘기를 이어간다. 한 잔의 녹차가 식을 무렵 또 노래를 부르기 시작한다. 가사 내용은 알 수가 없었지만 한이 서린 듯 늘어지는 가락이다. 술기운에 젖어 부르는 목소리는 차라리 울음소리에 가깝다. 묘한 느낌이 든다. 이런 여행지의 옆방에서 일본노래를 듣는 기분을 무어라 표현할 수가 없다. 무슨 연유로 이런 노래를 부를까? 일본 노래를 부를 연배면 아마 여든을 넘긴 분들이 아닐까?

여든이라! 고희古稀를 넘기고, 다시 강산이 한 번 요동친 나이다. 가장 감수성이 강한 청소년기를 일제 강점기 말기라는 암흑기에 보낸 분들 일 것이다. 해방을 맞자마자 한국전쟁을 겪고, 격랑의 산업 전성기와 민주화 시기를 거쳐 오늘까지 살아온 분들. 살아온 세월을 돌아보면서 무슨 얘기를 하였을까? 흘러간 청춘의 봄날이 그리워 그 시절 노래를 부르는 것일까?

사람은 기쁜 일이 있거나 슬픈 일이 생길 때 노래를 흥얼거린다.

그 중에서도 잊을 수 없는 노래는 젊은 시절 배운 유행가일 것이다. 적당한 분위기와 곡차 한 잔이 들어가면 금상첨화이다. 세월은 가는 게 아니라 쌓인다고 했다. 켜켜이 쌓아온 세월 속에 술잔을 앞에 놓고 삶을 돌아보는 것일까? 열이틀 휘영청 달빛에 젖은 감포 앞바다를 창 밖에 두고, 죽마고우와 살아온 세월의 훈장을 꺼내보는 것이리라. 가슴 벅차게 행복한 날도 있었을 테고, 설움에 겹도록 마음 저린 날도 있었을 것이다. 애절한 가락에 나도 코끝이 찡해진다.

가만히 나 자신을 돌아보았다. 지천명이 한참 지난 나이이다. 내 청춘의 봄날은 언제였을까? 지난날은 돌이켜 볼 수 있지만, 앞날은 가늠할 수 없는 것이 우리네 삶이다. 갖은 상념이 동영상처럼 지나가고, 앞으로 해야 할 일이 떠오르기도 한다. 먼 훗날 삶을 돌아보면 내 세월의 훈장은 어떤 것일까?

문득, 몇 달 전 지인에게 들은 이야기를 떠올리며 옆방의 노인들과 비교해본다. 전문 관리직으로 퇴직한 팔순 노인의 사건이다. 대기업 임원의 자식을 둘이나 두고 노년에도 짜인 건강관리로 활기차게 살아왔다. 누가 봐도 복 받은 분으로 부러움의 대상이었다. 그런 분이 우울증으로 자살을 시도했다는 것이다. 외로움이 원인이었다.

다음날 아침, 1층 식당에서 옆방 손님들의 모습을 볼 수 있었다.

80대로 추측되는 깔끔한 노인 세 분이셨다. 백발이 멋있는 한 분과, 골이 파인 팔자 주름과 저승꽃이 듬성듬성 핀 두 분의 얼굴에서 세월의 훈장을 읽을 수 있었다. 막역지우들과 겨울여행을 나온 것일까? 정말 멋지게 사는 분들이다. 아름다운 우정을 상상해본다.

"해장해야지."

하면서 반주로 맥주 한 병을 주문하는 모습을 보고, 나는 창밖의 수평선으로 눈을 돌렸다.

*엔카 : 일본의 대중가요 장르의 하나로, 일본인 특유의 감각이나 정서에 기초한 장르이다

번개

'국채보상기념공원 종각 앞 오후 6시30분까지. 장○○' 진동으로 해 놓은 휴대전화기가 몇 번 부르르 떨더니 메시지를 남긴다. 곁눈으로 흘낏 지켜보던 아내가

"저녁은 먹고 오겠네."

라고 말을 건넨다.

컴퓨터의 대중화와 더불어 자연스레 발생한 것이 카페문화이다. 같은 취미나 성격을 가진 동호인들의 모임이 온라인상에서 카페개설로 쉽게 이루어진다. 활성화가 된 지 벌써 10여 년이 넘는다. 대부분 실명이 아닌 대명(닉네임)으로 가입하여 활동하기에 직접 만나 보기 전에는 실체를 파악하기가 어렵다. 정확한 정보 공개가 없이 컴퓨터 화면 상에서의 활동이기에 어디까지가 진실인지 거짓인지 당사자가 아니면 잘 알 수가 없다. 익명성이 가지는 장점과 단점의 경계를 모호하게 넘나들어 시시비비를 가리기가 쉽지 않다.

글쓰기 모임을 수료하고 나서, 계속 글에 대한 관심과 열정을 이어 가려는 취지로 만든 카페 소모임에서 만나자는 연락이다. 온라인에서가 아니라 오프라인에서의 만남이다. 속된 말로 '번개팅' 이라고 한다. 여건이 되는 회원들의 반짝 만남. 아무런 조건도 부담도 없는 그야말로 마른하늘에 번개가 잠시 치듯 만나는 모임이다.

갈까 말까 몇 번이나 망설였다. 내 집에서 시간을 맞추려면 한 시간 전쯤 길을 나서야 한다. 목적지까지 바로 가는 버스 노선도 없고 어찌할까 거듭 망설여졌다. 한편으론 귀찮기도 했다. 만남의 장소가 시내 중심지이지만 지하철 노선도 아니고……. 시간이 다가오자 반사적으로 옷을 갈아입었다. 무의식 속에 숨어 있던 모임에 대한 애정이 강하게 끌어당긴 모양이다. 사실 누가 나올지도, 몇 명이 올지도 모르는 상황이지만 그저 가고 싶었다.

곧 정차하려는 버스 안에서 바라본 모임 장소에는 아무도 보이지 않았다. '아무도 없는 게 아닐까.' 시계를 보니 아직 5분 정도 남았다. '그래도 몇 명은 와 있어야 할 게 아닌가.' 급히 내려서 걸음을 재촉하고 있는데 J 님의 전화가 왔다.

"어디십니까? 오늘 모임 나오실 겁니까?"

"아, 곧 도착할 것입니다."

짧게 통화하고 장소에 이르니 한쪽 길에 비상등을 켠 채 승합차 한 대가 기다리고 있었다. 다른 님 한 분과 함께.

한 회원이 조금 늦어진다는 연락을 받고 출발을 했다. 시원한 자연의 싱그러움을 만날 수 있는 수성 호반으로 차는 달렸다. 해거름의 호수주변은 하나하나가 움직이는 아름다운 동영상이었다. 직장생활로 모처럼 동행한 두 회원의 가슴에는 흐뭇한 미소가 살아난다. 마침 물위로 백조 7마리가 한 줄로 서서 지나가는 모습이 보였다. 잊고 살았던 '미운 오리 새끼' 라는 동화가 생각난다며 J 님이 즐겁게 얘기 한다. 못 가엔 파문 진 빗방울을 엮은 것처럼 동그랗게 몸을 펼친 수련들이 물결 따라 살랑살랑 흔드는 모습도 잊을 수 없는 정경이었다.

산다는 것은 만남과 헤어짐의 파노라마이다. 사람은 아침마다 새로움으로 시작해 일을 하고 관계를 맺고 인연을 만들어 간다. 이글거리는 태양과 같은 정열적이고 창조적인 만남도 있고, 지는 달빛을 보는듯한 정적이고 낭만적인 만남도 있다. 절대 진리는 없다고 나는 생각한다. 모든 것은 누리는 자 나름의 가치와 의미를 지니고 해석하기 때문이 아닐까. 그럼 오늘 이 만남은 어디에 속할까.

늦은 밤 앞산 공원 숲 속의 고즈넉한 벤치는 어둠과 가로등 빛이 오묘하게 교차하여 신비한 분위기를 연출한다. 이따금 지나가는 젊은 연인들의 얼굴마다 환한 꽃이 피어난다. 하마터면 참석 못 할 뻔했다던 K 님의 사연이 잔잔하게 밀려온다. 다 큰 아들이 어제저녁에 빵집에서 사 온 빵을 먹고 갑자기 몸의 마비현상이 생겼다는 것이다. 급히 119차를 타고 병원 응급실로 가서 치료 후 겨우 안정을 찾았다는 것이다. 도저히 나올 형편이 안 되는 것을 이제 괜찮다는 아들의 권유로 어렵사리 참석을 했다는 것이다.

쉽지 않은 만남을 축복이라도 하는 것일까. 은은한 별빛에 비친 모습들이 파랗게 피어난다. 저마다 살아가는 이야기로 꽃불을 피운다. 한 세월 살아와 지천명을 지난 나이이기에 얘기마다 삶의 경륜이 녹아난다. 단도직입적이고 명쾌한 J 님의 이야기는 큰 배를 타고 거침없이 파도를 헤쳐 나가는 것 같다. '어디서 저런 역동적이고 적극적인 삶의 태도가 나오는 것일까.' 내성적이고 소심한 내가 보기에는 마냥 부럽기만 했다. 닮아 본받고 싶은 마음이 앞섰지만, 본성은 고치기가 어렵지 않은가. 그저 바라보면서 내가 소화할 수 있는 부분만 돌아볼 뿐이다.

삶은 만남의 인연이요, 그 속에서 우리는 참된 진실을 배운다. 빈손으로 왔다가 빈손으로 가는 삶이기에 더욱 적극적으로 살아간다는 K 님의 인생여정도 귀를 쫑긋하게 한다. 그도 젊은 시절 조직 속에서의 부대낌이 있었다면 지금쯤 더 큰 울림이 있는 삶을 살고 있지 않을까 생각된다. 참됨이란 곁에서 조용히 보고만 있어도 느낄 수 있는 법이다. 말하지 않아도 풍기는 맛, 불가에서는 훈습이라고 했던가. 천천히 내려오는 숲길에는 떡갈나무 잎 뒤집는 소리가 수런거린다. 어둠 속에 언뜻언뜻 비치는 하늘이 더욱 맑다. 단출하였지만 아름답고 유익한 번개였다.

갈등

'쿵' 갑자기 차가 덜컹한다. 급히 비상등을 켜고 차를 세웠다. 퇴근 후 평소처럼 헬스장 가는 중이다. 판소리를 틀어놓고 흥겹던 내 마음에 찬물을 덮어쓴 것 같다. 내려서 뒤차의 운전자를 보니 같은 헬스장에서 자주 보던 얼굴이 아닌가. 차를 살펴보니 분명히 뒤 범퍼 부분이지 싶은 데 큰 흔적이 없어 좀 이상하다.

"죄송합니다. 잠시 딴생각을 하다가 그만……. 탈이 났으면 처리해 드리겠습니다."

상대방은 상기된 표정으로 어쩔 줄을 모른다. 나는 별생각 없이

"괜찮습니다. 그런데요, 앞으로는 앞차와 너무 붙여 운전하지 마세요. 조심하세요."

말하고 다시 출발을 했다.

헬스장에 도착해 뒷부분을 다시 살펴보니, '이런!' 아까는 못 본 미등 옆이 살짝 들어가고 긁혀 있는 것이 아닌가? '왜 이것을 못 보았지?' 치밀하지 못한 자신에게 화가 났다. '나이가 들수록 차

분해지고 원숙해져야 하건만 이게 무슨 일인가, 바보같이.' 스트레칭으로 몸을 푸는 내내 침울해진다. 멀쩡하던 목덜미도 뻐근해온다. '후유증인가? 참내, 이렇게 둔할까?' 자책감에 가슴이 답답하다. 머릿속에서 온갖 생각이 뛰어다니니 운동 하고 싶은 마음이 싹 사라진다. '안 되겠다. 다시 얘기해야지.' 주차장에 내려가 관리인에게 물었다. 다행히 상대방의 차를 찾았으나 연락처가 없어서 기다리기로 했다. '왜 이리 바보짓을 하여 두 번 일을 할까?' 기다리는 동안 혼자 답답했다.

모임 약속 때문에 쪽지를 남기고 가는 중 전화가 왔다. 처음엔 어떻게 나올까 걱정했지만 다행히 쉽게 수긍을 하였다. 목덜미가 아픈 것은 좀 기다려보고 병원에 가기로 하고, 차는 견적이 나오면 처리해 주기로 약속하니 비로소 머리가 개운해졌다. 견적비용이 생각보다 많이 나왔지만 늦은 밤 통화를 해서 보험을 적용하지 않고 현금으로 받기로 매듭지었다.

다음 날 오전, 은행에 입금을 확인하고 나니 맑은 평상심을 되찾았다. 그런데 한 시간쯤 지났을까? 이상하게 마음이 편치 않다. '가벼운 접촉 사고가 아닌가. 처음처럼 그냥 넘어갈 수도 있었을 텐데.' 주차장으로 가서 긁힌 부분을 자세히 살펴보았다. 마른 수건으로 닦아 놓으니 얼핏 보면 표시가 잘 나지 않는다. 좀 오래된 차이기에 그냥 타고 다닐까 하는 이기심도 생긴다. '내가 욕심이 지나친 것이 아닐까? 차라리 보험처리를 했더라면 이런 고민이 없

을 텐데.'

피해를 당했을 때 적절한 보상을 약속 못 받은 내가 바보라 생각되던 자책감보다, 막상 보상을 받고 나니 마음이 더 불편한 것은 무슨 까닭일까? 당연히 받을 것을 받았는데 가슴속은 그믐밤이다. 얼굴을 아는 분이기에 그것도 같은 직종에 근무한다는 사실을 알았기에 속이 더 찜찜하다. 한참 생각한 후에 '그래, 절반 정도는 돌려주자. 내가 뭐 수리비를 받아 부자가 되겠나.' 마음을 정리하였다.

전화로 내 뜻을 전해주자 도리어 미안해하며 계속 사양한다. 더욱 돌려주고 싶었다. 한참 만에 '이렇게 돌려받아서 될 것 같지 않은데, 선생님 뜻이 그러시니 고맙게 받겠습니다. 감사합니다.' 라는 문자와 계좌번호가 날아왔다. 체한 듯 막힌 속이 편안해졌다.

오늘 아침에도 긁힌 부분을 한번 둘러보고 시동을 건다. 경쾌한 숲속 새소리에 포근한 마음이라 흠집도 눈에 들어오지 않는다. 며칠 동안 속 끓인 것을 생각하니 웃음이 난다. 작은 욕심을 놓지 못하고 끌려 다닌 사실에 얼굴이 화끈하다.

노랗게 물든 늦가을 은행나무를 쳐다보며 천천히 핸들을 돌린다.

환상

밤비가 내린다. 전조등 빛을 따라 수많은 화살이 꽂히고 있다. 차창에도 도로에도, 초록으로 눈뜬 은행나무 새잎에도 봄비가 흩날리고 있다. 빗속을 달리다 보면 감성의 창이 소리 없이 열린다. 몇 해나 지났을까? 한 여인이 물안개 속에서 또렷이 살아난다.

쏟아지는 빗속을 달린 고속버스가 T시에 도착한 것은 하오 2시경이었다. 며칠을 망설이다가 카페 정모에 참석하게 되었다. 지극히 내성적인 성격인 내가 이렇게 먼 지역의 행사에 참여하다니. 끊임없이 되풀이되는 일상에서 탈출하고 싶었고, 가지 않은 길을 경험하고 싶었다. '비가 너무 많이 오는데 괜히 가는 게 아닐까?' '다시 돌아갈까?' 출발 바로 전까지 망설였다. 잠깐 눈을 붙였는가 싶은 데 버스는 목적지 터미널 입구에 들어서고 있었다. 우산을 펼치기도 전에 비바람이 온몸을 감싼다. Y가 승용차로 마중 나오기로 한 정류장 쪽으로 천천히 걸었다.

승용차 안은 아늑했다. 간단한 인사를 하고 날씨 이야기를 꺼냈다. Y라는 닉네임을 가진 그녀와의 만남은 어색함 속에서도 신비감을 주었다. 단정한 파머머리에 자주색 투피스가 아름다웠다. 댓글과 사연을 주고받은 사이였지만 어쩐지 서먹서먹했다. 잔잔한 음악이 흐르고 의자에 비스듬히 기댄 채 말없이 한참을 달렸다.

모임 장소인 J 휴양림까지는 승용차로 한 시간 남짓 걸리는 거리다. 정류장에서 함께 가기로 한 회원이 오지 않아 그녀와 단 둘이 가게 되었다.

"오늘 모임 날을 잘못 잡은 것 같아요."

쏟아지는 빗길을 조심스레 운전하면서 말문을 열었다.

"그러네요. 어제까지도 날씨가 참 좋았는데……."

"저도 참 많이 망설였답니다. 그래도 보고 싶은 사람들도 많고 해서 출발했지요."

"예, 잘 오셨습니다. 평소에 H님이 올린 글과 음악 잘 듣고 있어요. 글을 읽으면서 처음엔 여자인 줄 알았어요. 감성이 뚝뚝 떨어지기에…….많이 놀랐어요. 무슨 남자가 감성이 저렇게 강할까 했지요. 어떤 분일까 꼭 한번 뵙고 싶었는데 반가워요."

"아, 예, 그래요."

나는 말을 얼버무리면서 제대로 잇지 못했다.

70년대의 노래들이 끊임없이 흘러나왔다.

"음악이 참 좋네요."

학창시절 음악다방에 들어간 분위기를 느낀 내가 말을 이었다.

"제가 즐기는 팝송들을 친구들도 좋아하기에 그 시절 노래로 테이프를 만들었어요."

억양이 서울 경기지역 맛이 짙다. 투박한 경상도 여자의 말만 듣다가 나긋나긋한 말을 들으니 황홀하다. 가늘어졌던 빗줄기가 다시 굵어져서 사정없이 차창을 때린다. 대낮이건만 밖은 캄캄하다. 이따금 옆 차에서 튕기는 빗물이 왈칵 창에 부딪혀 깜짝 놀라게 한다. 옆모습을 슬쩍 훔쳐보니 곱게 살아온 듯하다. 혼자 어색한 분위기에 잠긴다.

"근데, 억양이……. 혹시 서울서 나셨나요?"

"아뇨, 서울에서 대학생활을 하고 신혼 초에 몇 년 살았지요."

마음속으로 온갖 상상이 펼쳐진다. '인연'이라는 말도 그려보았다. '내 평생에 이런 일이 다시 있을까?' 별주부에게 속아 용궁에 들어간 토끼가 용왕을 속이고 잔치를 즐기며 누리던 기분이 이런 것이 아닐까.

그때였다. 갑자기 끼익 소리를 내며 급정거를 한다. 옆 차가 앞으로 끼어들었다. 이 폭우 속에 끼어들다니? 빗길에 미끄러져 조금 휘청했으나 이내 제자리를 찾았다.

"큰일 날 뻔 했습니다."

"아휴, 죄송합니다."

달아오른 마음에 찬물을 확 끼얹은듯하다. 일탈에 대한 경고일까? 만약에? 순간의 일이었지만 간이 서늘했다. 집에 있는 식구의 얼굴이 떠올랐다 사라진다.

저 멀리 J 휴양림 간판이 빗속에 어렴풋이 보였다. '에이, 벌써 다 왔나.' 아쉬웠다. '좀 더 멀었으면 좋았을 것을'. 혼자 마음을 아는지 모르는지 승용차는 천천히 휴양림 식당 앞에 멈췄다. 꿈꾸듯 팽팽하던 가슴은 끈 떨어진 연이 되어버렸다.

먼저 온 회원들이 반가운 표정으로 입구에 서서 손을 흔든다. 차에서 내려 함께 우산을 쓰고 걷는 바깥쪽 어깨에 금세 빗물이 젖는다. 짜릿한 환상이 현실에서 깨진다.

라디오에서 그날 승용차에서 듣던 노래가 나오는 날이면 빗속의 그녀가 생각난다.

벽 속의 여자

'금요일 저녁 7시. 황금 네거리 근처 A한정식'

문자를 받는 순간 가슴이 떨린다. 드디어 만나는구나. 메일과 댓글로만 안부를 묻고 지내던 C를 안 것은 7월 중순이다. 당시 나는 '엔돌핀이 넘치는 삶을 위하여' 라는 카페의 지역책임자를 맡고 있었다. 지역장으로서 카페의 활성화를 위해 남보다 열심히 활동을 했다. 정보화 시대에 맞춰 인터넷에 자주 접속하다가 이 카페와 인연을 맺은 것이다.

로그인을 하면 아름다운 음악과 시, 그리고 갖가지 닉네임을 가진 사람들의 사연과 글을 만난다. 컴퓨터 모니터를 통해 그들과 얘기를 하고 즐긴다. 실체를 알 수 없는 허상과의 만남이기에 훨씬 자유롭고 편안하다. 숨어 있는 속성이랄까. 본질은 드러나지 않기에 용감하고 적극적이다. 늦은 밤, 커피 한 잔을 앞에 놓고 접속을 하면 이따금 C를 만난다. 잔잔한 음악이 흐르고 내가 올린 글에 그의 댓글이 달렸다. 답장의 댓글을 단다. 이렇게 그녀와 댓글을 주고받은 지가 석 달 가까이 된다.

미지의 사람에 대한 호기심일까. 어느 날 회원정보를 검색해 보았다. C는 내가 사는 D 시에 거주하는 사십대 초반의 여성이었다. '아니, 같은 지역에 살고 있다니.' 신비감이 더 깊어졌고 알고 싶었다. 한참을 망설이다가 용기를 냈다. 그녀에게 감미로운 음악이 깔린 긴 메일을 띄웠다. 내 글에 댓글을 빠지지 않고 달아주어서 고맙다는 인사도 덧붙였다. 답장이 왔다. 사이버상이지만 반갑고, 늘 좋은 글과 음악을 올려줘서 자기가 더 고맙다고 한다.

한참을 댓글과 메일로 사연을 주고받다 보니 궁금증이 짙어간다. 만나고 싶었다. 사이버상의 만남은 부정적인 이미지로 시끄러운 시절이었다. 모니터상의 아름다운 글과 달콤한 음악은 실체와는 거리가 멀다. 카페 안의 풍경이 아무리 환상적일지라도, 단조로운 삶을 벗어나고 싶은 욕심에 얼굴이라도 보고 싶었다. 내가 좋은 이미지를 준 탓일까. 문자도 주고받는 사이로 발전했다. 만나자는 제의에 답장이 왔다. C를 알게 된 지 석 달 열흘 만이었다. '월요일 저녁 7시. 황금 네거리 근처 A 한정식'

나는 그녀가 보낸 문자를 열 번도 더 열어본다. 이렇게 가슴이 설레는 적은 언제 있었던가. 종일 하는 일이 손에 잡히지 않는다. 모든 신경이 저녁 만남에 집중되어 있다. '어떤 사람일까? 키가 클까? 예쁜 여자일까?' 숨어서 불량도서를 읽는 아이처럼 심장이 콩

닥거려 하루를 멍하니 보냈다. '이게, 정상은 아닌데.' '내가 그녀를 만나도 될까?' 약속은 했지만, 아내에 대한 미안함도 떨쳐낼 수 없었다. '그냥, 한 번 만나기만 하는데 뭐 어떨까.' '카페 친구로 저녁식사 한 끼 같이 하는 것인데, 뭘.' 속으로 혼자 꾸짖고 위로하고 변명한다.

'죄송해요. 오늘 만남 취소합니다.' 어둠이 스믈스믈 길가에 깔릴 즈음 날아온 문자이다. 이게 무슨 말인가. 겨울아침 찬물에 머리를 감은 느낌이다. 얼마나 기다렸는데 갑자기 취소하다니. '무슨 일이 생긴 것일까?' '만나면 안 된다고 생각했을까?' 온갖 상상에 빠진다. 그동안 내가 결례를 한 일이 있었던가. 팽팽하던 가슴은 끈 떨어진 망석중이 되었다. '애가 갑자기 아파서 그래요. 미안합니다.' 늦게 온 문자를 보고 마음이 안정되었다. 나흘 후 다시 연락이 왔다.

핸들을 잡고서도 마음은 두근거리고 온갖 생각이 떠오른다. '근데, 만약 나오지 않으면 어떡하지.' '설마 그럴 리가.' 황금 네거리 근처의 'A 한정식' 주차장에 도착하니 정확히 6시 50분이었다. 모처럼 입은 양복을 다시 한 번 털고 천천히 걸음을 옮겼다. 한창 저녁 시간이라 한정식 안은 단체 손님들로 북적되고 있었다. 한쪽 모퉁이를 돌아가자 깔끔한 정장차림의 한 여자가 창을 향해 앉아 있다. 직감으로 C 라고 느꼈다. '나보다 먼저 와 있었구나.' '에이, 좀 더 일찍 올 것을.'

"안녕하세요. 혹시 C 아닙니까."

"저는 '엔돌핀방' 의 K 라고 합니다."

빙긋 웃으며 반기는 그녀의 모습이 한 떨기 이슬 머금은 구절초 같다. 가볍게 인사하는 그녀의 가지런한 치아에서 상큼한 사과 한 입을 베어 물고 난 냄새를 느낀다.

첫 만남이었지만 오랜 친구를 대하는 듯하다. 글을 통해 대화도 하고 댓글로 사연을 주고받은 탓인지 스스럼이 없다. 카페에 가입하게 된 동기부터 시작하여 자질구레한 집안이야기로 발전하여 끝없이 이야기가 흘러 나왔다. 사실은 그녀가 언니의 아이디를 사용하고 있다는 것도 알았다.

"어떻게 만날 생각을 했습니까?"

라는 질문에는 싱긋이 웃기만 하더니,

"호기심에 꼭 한 번 만나 보기로 했어요."

라고 나중에 얘기 한다. 집과 직장만 오가는 단조로운 생활에서 하루쯤 벗어나려고 나온 모양이다.

두세 시간이 물 흐르듯이 지나간다. 모처럼 오랫동안 얘기를 한 탓인지 그녀는 목이 쉰 듯하다.

"정말 이렇게 진지하게 대화를 해 본 적이 없었어요."

라고 말하는 C의 눈동자가 가슴에 파고든다. 생면부지의 사람과의 만남, 그리고 오랜 대화. 소설속의 주인공이 된 기분이다. 음식점을 나와 그녀의 집 근처까지 가는 동안에도 승용차 안에서의 애기는 그치지 않는다. 상기되어 즐거운 표정을 감출 수 없는 모양이다. D 아파트 입구에 차를 세웠다.

"만나서 정말 반가웠습니다."

아쉬움이 가득 담긴 짤막한 내 인사에 그녀는 안전벨트를 풀더니 갑자기 나를 살짝 포옹한다. 당황한 나는 심장이 쾅쾅거려 눈을 감았다.

"조심해 가세요. 덕분에 반갑고 즐거웠네요."

번개같이 지난 시간이 몇 초나 되었을까? 얼떨결에 눈을 뜨니 그녀는 이미 아파트 벽 속으로 사라지고 바람 한 줄기 어둠 속을 휑하고 쓸어간다.

두 여자

'쾅.' 아파트 문소리가 요란하다. 5층짜리 낡은 아파트의 4층에 사는 나는 문소리만 들어도 누구네 집인 줄 짐작된다. 아래층에 사는 박 여사의 집이다. 환갑을 넘기고도 환한 인상의 그녀는 늘 소녀 같은 얼굴이다. 펑퍼짐한 몸매지만 만날 때마다 상냥하게 인사를 한다. 문을 세게 닫는 습관만 빼면 영락없이 마음씨 좋은 사촌 누나를 닮았다.

위층에 사는 정 여사는 안개 속을 걷는 여인 같다. 아내의 얘기로는 간호장교로 근무하다 퇴직을 했다는데 언제나 무심한 표정이다. 간혹 계단에서 마주쳐도 앞만 보거나 바닥만 보고 슬쩍 지나친다. 한 통로에 십 년 정도 살았지만, 누구도 그녀 집을 방문했다는 말은 듣지 못했다.

과년한 딸이 셋이나 있는 박 여사의 취미는 음식 만들기이다. 아래층에서 솔솔 올라오는 냄새를 맡으면 오늘은 어떤 요리를 하고 있을까 가늠할 수 있다. 어쩌다 아파트 시장에서 만날 때마다 손에 든 장바구니가 묵직해 보인다.

"무얼 그리 많이 사 오십니까?"

"딸들에게 반찬을 해 보내려니 매일 바쁘네요."

"아니, 빨리 시집을 보내셔야지. 언제까지 뒷바라지하시려고……."

"아이고, 어쩌겠어요. 다 때가 되면 가겠지요."

걱정하는듯하면서도 느긋하다.

정 여사의 베란다 창문은 늘 푸른색 블라인드로 가려져 있다. 5층이라 다른 곳에서 잘 보이지 않을 텐데도 그녀의 표정처럼 미지수로 살아가는 것 같다. 어쩌다 멀리서 스친 얼굴에는 오랜 군인생활을 한 미혼여성의 신비함이 숨어 있다. 혼자만의 성을 쌓고 살아가기에 여러 가지가 추리소설 속의 주인공이다. 집안 생활도 비밀이기에 궁금증이 더 생긴다. 인근 상가에서 함께 요가를 하는 아내가 간혹 해 주는 말을 들어봐도 정 여사의 실체는 꿈속이다.

"안녕하세요?"

"예, 안녕하세요."

박 여사를 만나면 마음이 절로 밝아진다. 요리뿐만이 아니라 박 여사는 모든 일에 호기심이 강하다. 아파트에서 일어나는 일을 시시콜콜히 참견한다. 얼마 전, 아파트 입구에 누가 폐품을 몰래 내버린 일이 있었다. 밤새 일어난 일이라 잘 알 수 없었지만, 박 여사는 이틀 만에 기어이 주인을 찾아내었다. 상대방에게 좋지 않은 말을 들으면서도 시비를 용감하게 가려내는 것을 보면 정의의 사도 같다. 이따금 나는 '저 열정을 아이들 혼사문제에 쏟으면 더 좋을 텐데.' 하고 중얼거려 본다.

퇴근길에 우연히 정 여사와 마주쳤다. 지천명 나이를 잊을 정도로 날씬한 몸매에 산뜻한 차림이다. 어디로 가는 것일까? 숨기는 것이 많을수록 더 알고 싶은 게 사람의 심정이다. 아내의 얘기로는 늙으신 어머니가 근처에 혼자 사신다던데 그리로 가는 것일까? 아닐 거야. 저렇게 곱게 차려입었는데……. '독신인데 좋은 친구를 만나러 가는 것일지도 몰라.' 천천히 계단을 오르며 혼자 상상의 나래를 편다.

저녁 산책을 다녀온 아내가 얘기를 한다. 오늘 낮에 아래층 박 여사와 시장에 함께 가기로 약속했는데 내내 연락이 없더라는 것이다. 조금 전에 만나서

"형님, 약속해 놓고 어디 가셨어요?"

물었더니, 혼자 큰 시장에 다녀왔단다.

"한참이나 연락오기를 기다렸는데 그럴 수 있습니까? 대체 뭐 하셨는데요?"

약속 사실은 까맣게 잊고 토종닭 두 마리로 삼계탕을 끓여 큰딸 집에 가서 먹고 온다는 것이었다. '내리사랑은 어쩔 수 없구나. 빨리 시집이나 보냈으면 더 좋을 텐데' 라고 혼자 마음속으로 생각했

다고 한다.

늦은 밤 한참 TV를 보던 아내가 문득 물었다.

"여보, 시집 안 간 딸이 줄줄이 있는 아래층 박 여사가 행복할까요? 아이도 없고 혼자 사는 위층의 정 여사가 행복할까요? 당신은 누가 더 나은 것 같아요?"

"글쎄, 살아가기에는 정 여사가 편할 것 같기도 하지만 그래도 자식 먹이려고 애쓰며 사는 박 여사가 더 행복하지 않을까?"

"아니, 난 정 여사가 자식 걱정도 없고 홀가분해서 더 나을 것 같아요."

베란다 창 밖 하늘에 초열흘 달이 눈부시게 내리붓는다. 잠시 후 행복이란 알 수 없는 수수께끼라고 얘기하는 듯 구름 속으로 달이 천천히 숨는다.

달밤 3

"왔다."

짧게 내뱉으며 낚싯대를 들어 올린다. 차 한 잔 식을 동안 꼼짝도 않던 야광찌가 순간 깊숙이 빨려들자 아저씨가 한 말이다. 하늘에서 피라미 한 마리가 퍼덕거린다. 은은한 달빛에 온몸으로 흔드는 은빛 비늘의 춤! 중지보다 조금 크다. 조심스레 낚싯바늘에서 벗겨 망태에 담는다. 마흔쯤 되었을까? 초등학교 갓 입학한 듯한 아들과 밤낚시에 흠뻑 빠져 있다. 물막이보에는 서너 팀이 뚝뚝 떨어져서 야광찌만 바라보고 있다.

모처럼 장마다운 비 덕분에 신천 물막이보는 신이 났다. 오늘처럼 콸콸 넘칠 만큼 물을 보낸 지가 얼마나 되었을까? 어디 숨어 지냈는지 오리 가족들도 줄을 지어 나오고, 날씬한 몸매와 긴 목을 자랑하는 왜가리도 한 발을 들고 고고히 물속을 주시하고 있다. 바람 한 점 불 때마다 솟아오른 빛의 물결. 건너편 드문드문 밤을 지키는 가로등 빛이 물 위에 길게 누워 반짝인다. 컴컴한 산그늘 위에 둥그런 달이 남극의 빙하보다 눈부시다.

오늘은 초열흘. 며칠 전부터 살이 붙기 시작한 달이 제법 오동통하다. 달빛 아래의 걸음이 경쾌하다. 숲으로 감싼 물길 따라 이따금 하늘을 보면서 걷는 모두가 신선이다. 달맞이꽃, 강아지풀, 개망초, 갈대들이 주인인 들길은 아기의 꿈결같이 평화롭다. 다정한 노부부가 다가오고, 자전거를 탄 모자가 지나가고, 중풍으로 지팡이에 의지한 김씨 아저씨가 절뚝거리며 걷는다. 자세히 살펴보면 저마다 입에 달을 물고 있는 듯해 웃음이 절로 난다.

달빛은 소리가 없다. 고향을 못 잊어 뒤척이는 우수 어린 이주 노동자의 눈동자에도, 이룰 수 없는 사랑을 잊고자 하는 사람의 손등에도, 살포시 내려앉는다. 달밤은 외로움보다 그리움의 샘물을 길어 올리는 마력을 지니고 있다. 가슴에 묻은 첫사랑을 보내던 그날이 생각나고, 지우려 해도 영원히 지워지지 않은 짝사랑하던 소녀의 얼굴도 떠오른다. 말라버린 염전 같은 개망초가 눈부시고, 노란 꽃잎을 활짝 펴고 기린 목처럼 쭉 뻗은 달맞이꽃이 있어 더욱 애련하다. 가버린 사람을 하염없이 기다린다는 그 꽃말은 오늘같이 환한 달빛이 있기에 한결 가슴이 시리다.

하늘이 천천히 기울어지면 달은 산 능선 위에 걸린다. 손에 쥐면 데일 듯 뜨겁고 아찔하다. 명지바람 한 장 숲 기슭을 훑고 내려올 때 잔물결 따라 부서지는 달빛! 물에 빠진 달이 찡그렸다 웃었다한다. 아침 햇살보다 더 맑고 투명하게 은가루를 뿌린다. 나는 두 팔을 벌려 심호흡 크게 하고, 물막이보 위를 천천히 걷는다. 찰랑찰랑 넘치는 물은 찰찰찰 경쾌한 소리를 낸다. 물소리가 심장에 들어와 켜졌다 작아졌다 한다. 얼마나 진실하게 살았는가 묻는 듯하다. 부끄러운 마음의 움직임에 따른 차이이리라.

내 인생의 월령은 얼마일까? 절정인 보름을 넘어 하현달에 가깝지 싶다. 나날이 여물어가는 달처럼, 이젠 채움보다 비움이 절실한 나이이다. 지나온 길을 돌아보면 아쉽고 안타깝다. 얼마나 앞만 보고 달려왔던가? 손에 쥔 것은 보이지 않고 등 뒤로 스쳐가는 바람만 스산하다. 남은 세월은 어떻게 살아가야 할까? 가슴에 손을 얹어본다. 외로운 사람에게 희미하나마 어둠을 밝히는 달빛이 되어야 할 텐데 안타까울 뿐이다.

밤이 깊어진다. 달빛에 눌린 별빛은 희미하다. 둔치의 산책객도 하나 둘 사라지고 달빛에 젖은 길만 서럽게 허연 몸매를 드러내고 누웠다. 흙길은 종일 지나간 산책객들을 생각하며 앓는 소리를 낸다. 반짝이지만 차갑고 서러운 느낌이 든다. 물끄러미 서서 달을 바라보는 나는 혼자 해 저문 사막에 버려진 착각에 빠진다. 달빛을 타고 어린 왕자가 길들인 여우를 찾아올지도 모른다는 기대도 한다. 길들인다는 생각에 사방을 둘러본다. 아늑하고 고요하다. 내가 서 있는 곳은 어디일까? 나는 누구에게 길들여졌을까? 개망초에게 물으니 그가 웃는다. 달맞이꽃이 소리친다. 달빛에 취한 나를 보고 손가락질을 한다. 몽상가여! 꿈에서 깨라.

어지럽다. 갑자기 가로등 불빛이 사라진다. 눈을 감는다. 둥그런 달빛이 온갖 별들을 데리고 내려앉는다. 주위에 많은 별이 반짝인다. 북두칠성이 있고 사자자리의 별이 손을 흔든다. 불개의 입에서 방금 내뱉은 환한 달덩이가 눈앞에 굴러다닌다. 달이 어린 시절 쥐불놀이의 쥐불이 된다. 불을 피운 깡통을 빙빙 돌린다. 불덩이가 세상을 돌린다. 이글거리면서 하늘과 땅을 돈다. 손을 놓는 순간 불덩이는 하늘로 날아간다.

눈을 뜨니 달은 산 너머로 사라지고 어둠만 적적하다. 꿈이 산산이 부서진다. 늙는다. 내일 저녁엔 또 다른 달이 하늘을 밝히리라.

달밤4

눈이 시리다. 장마 뒤끝의 먹구름을 비집고 돋은 달은 눈이 부셔 아플 지경이다. 둥근 박처럼 허연 저 달도 온밤 세상을 밝히다가 새벽이 되면 햇빛 속에 사라질 것이다. 이슥한 밤 신천 둔치에 앉아 달을 보고 있으면 한 사람이 떠오른다.

'달이 떴네요.' 이따금 늦은 저녁에 달 소식을 전해주던 사람! 살아오면서 그녀만큼 달을 사랑한 사람도 만나지 못했다. 물속에 뜬 달을 따려다가 신선이 된 이태백과, 촛불을 끄고 달빛 가득함을 사랑하다가 저고리에 이슬이 푹 젖은 줄도 몰랐다고 노래한 당나라의 시인 장구령과 비교될 만했다.

음력 초아흐레 날이었다. '달이 너무 곱네요. 눈이 부셔요.' 문자가 날아왔다. 화들짝 놀라 창을 여니 복어처럼 배가 볼록한 달이 허공에 걸려있다. 낮엔 태양 속에 숨었다가 해가 지면 슬며시 얼굴을 내민다. 어른거리는 옥토끼도 보이는 듯하고 그 아래서 사색에 잠긴 한 사람이 걸어간다. 내 언제 나날이 살쪄가는 달을 중계하듯이 사진 찍고 사연을 담아본 적이 있었던가?

오늘도 달은 절정이다. 구름바다를 밀치고 가는 달빛이 늑골 아래까지 파고든다. 산책하던 걸음을 멈추고 신천 둔치의 의자에 누워 하늘바라기를 한다. 바라볼수록 아름답고 신비하다. 보는 사람의 정신을 빨아들이는 듯 얼이 빠진다. 매력의 단계를 지나 마력을 지닌 모양이다. 서늘한 가운데서도 눈을 뗄 수가 없다. 내 마음 밑바닥까지 비추는 듯 아랫배가 따뜻해진다. 은갈치 비늘이 퍼득이는듯한 달밤의 분위기를 글로 표현하고 싶었지만 머릿속은 텅 빈 항아리이다.

문득 '혼불'의 작가 최명희가 생각난다. 그녀는 동짓달 눈 내리는 흐린 날의 적막함을 그리고자 문을 열고 공기를 사흘이나 노려보았다고 한다. 마지막 날 마침내 공기의 책갈피 속으로 푸른빛이 일렁이는 것을 감지했다고 한다. 느낌을 복원하고 싶어 한 작가의 열정에 경탄을 넘어 소름이 끼친다. 달밤의 느낌을 형상화하고 싶지만 우둔한 머리로는 아득하기만 하다. 조금이라도 그녀를 닮고 싶지만 험한 절벽을 오르는 것보다 어렵다. 몇 시간이라도 달에 몰입해야 하건만 반시간도 못 되어 잡념만 생겨 일어났다.

달빛은 동서고금 차별 없이 모두에게 비춘다. 하지만, 사람마다 느낌이 다르기에 감정은 같지 않다. 며칠 전 야간산행에서 만난 달빛도 그러하다. 숨이 목까지 차도록 가파른 길을 치고 올라 능선에 발을 올렸다. 그때 황토색으로 단풍 든 상수리나무 잎 사이로 불쑥 고개를 내 미는 달! 순간 감전당한 듯 짜릿한 전류가 몸에 흘렀다. 함께 한 동료가 내뱉는 말이 걸작이다. "아이고, 저 놈의 달. 늑대 나오는 줄 알았다." 흘러간 영화 '나자리노'를 생각하면서 한 말일 게다. 따뜻한 듯 때로는 차가운 듯 굽어볼 뿐 그는 말이 없다.

월령의 한 달이 한평생이라면 내 월령은 어디쯤일까? 만월은 지난 지 한참 되었으리라. 눈썹달로 가는 길목의 반달쯤 될까? 내가 가야할 길은 얼마나 남았을까? 달을 보며 중얼거려보지만 아무런 답도 나오지 않는다.

늦은 밤 서느런 달이 허공에서 천천히 움직인다. 서로가 한참 말없이 쳐다본다. 내가 달이고 달이 나인 듯하다. 쫓는 듯 쫓기는 듯 새털구름 속을 떠가는 동안에 하늘은 점점 투명해진다. 달 속에 걸어가는 듯한 희미한 그림자를 한참이나 지켜본다.

멀리서 고향 찾아가는 한 무리의 새들이 달을 가로지른다.

도둑맞은 고향

이럴 수가 있단 말인가? 모처럼 용두골 산행을 나선 나는 입이 떡 벌어진다. 달포 전만 해도 우거진 숲에서 미끈한 나무들과 새들이 대화를 나누던 곳이다. 펼쳐진 광경을 보고 눈을 다시 비빈다. 마치 벌레 먹은 사과를 여기저기 먹다가 팽개쳐 놓은 듯 참혹한 모습이다.

몇 년 전, 시 외곽을 잇는 4차 순환도로를 연결하기 위해, 범물에서 용두골을 거쳐 달비골로 터널을 뚫는다는 소식을 들었다. 하지만, 환경파괴도 되고 도심의 마지막 산소창고인 용두골로 쉽사리 뚫을까 하고 별생각을 하지 않았다. 그게 지난달부터 본격적인 공사가 진행된 모양이다. 환경파괴를 반대하는 단체들이 환경보전 현수막도 걸고 시위를 하였건만 밀어붙이는 행정에는 어쩔 수 없는 모양이다.

개발이 먼저인지 보호가 우선인지는 쉽게 판단하기 어려운 문제다. 사업마다 나름대로 특성과 명분이 있기에 정책을 수립하고 집행을 한다. 한 번 파괴된 자연은 좀처럼 회복하기 어렵다. 무너지는 것은 잠깐이지만 되살리는 시간은 수십 배의 노력과 정성이 들어간다. 개발논리에 밀려 충분한 논의도 없이 파헤쳐지는 자연을 보면, 제3공화국 시대에 사는 느낌이다.

용두골! 내 꿈과 사랑이 젊음과 더불어 숨 쉬는 곳이다. 대구에서 유일하게 때 묻지 않은 지역을 찾아 정착한 지 20여 년이 넘었다. 걸어서 5분 안에 계곡과 숲이 안기는 몸과 마음의 쉼터이다. 강과 계곡 따라 자연이 편안하게 펼쳐지고, 온갖 새들과 나무들이 노래하고 숨쉬는 곳. 앞산공원의 동쪽 날개 끝에 숨어 있어, 평상시 사람들이 잘 찾지 않는 도심 속의 무릉도원으로 생각해 왔다.

입구에 들어서면 엎어진 초승달처럼 구부린 돌다리를 만난다. 잠시 올라가면 등나무 줄기가 그늘을 드리운, 여섯 개의 벤치가 신천을 바라보고 누워 있다. 책을 읽고 노래를 하고, 사색을 하고 낮잠을 즐기던 곳이다. 봄이면 연분홍 진달래 터널로 이어진 산길 따라 첫사랑을 떠올리고, 여름이면 부채만 한 플라타너스 잎을 두드리는 빗소리에 젖어 능선의 비안개를 하염없이 우러르기도 한다. 떡갈나무 잎들이 함박눈처럼 날리는 가을 단풍 길에선 삶을 사유하는 철학자가 되었고, 펑펑 내리는 눈길에서 만난 겨울 나목들은 순수의 절정을 느끼게 하는 그리움의 대상이었다.

이십 년 전, 햇살이 빗살무늬처럼 퍼붓던 가을날 가족들과 용두골을 처음 찾았었다. 아이들과 손을 잡고 이십여 분 만에 도착한 약수터. 목젖을 넘어가는 한 바가지의 석간수엔 짙은 가을이 담겨있었다. 울긋불긋 색종이로 뜯어 붙인 산길의 산책은, 순수한 마음을 지닌 아이들의 말 없는 스승이었다. 휴일이면 아이들과 함께 산에 들어가는 일이 또 다른 즐거움이 되었다. 봄비 속에서 새순이 돋는 소리를 듣고, 아카시아 꽃비를 맞으면서 은은한 소쩍새 울음에 귀를 열어놓기도 한 그 시절. 덩그런 너럭바위에 걸터앉아 소슬바람에 춤추는 은백양 잎들의 합창도 감상하고, 늦가을 계곡에서 물 한 모금 먹고 손 비비는 다람쥐의 재롱도 즐기던 곳이다.

어느 가을날이었다. 둘째아이와 산행을 하다가 밤나무 숲에서 밤을 따기로 했다. 나는 기다란 막대기로 밤송이를 따고, 아이는 떨어진 밤송이를 한곳에 모으기로 했다. 한참 밤을 따는데 갑자기 아야! 하는 소리가 들렸다. 아이가 무심코 위로 쳐다보다가 그만 밤송이에 얼굴을 맞은 것이다. 눈 부근에 맞았는지 눈을 못 뜨고 있다. 급히 부축해서 정신없이 하산하였다. 다행히 약국에서 살펴보니 눈 위쪽에 가시가 박혀있고 눈은 괜찮았다. 가슴을 쓸어내렸다.

한 걸음 한 걸음이 무겁다. 씁쓸한 마음으로 파헤쳐진 곳을 물끄러미 본다. 가슴속 한쪽이 뻥 뚫려 서늘한 무엇이 지나간다. 몸 한 부분이 떨어져 나간 것 같아, 허연 뼈를 드러낸 골짜기가 꺼이꺼이 울고 있다. 지켜 주지 못한 사람을 부르는 숲의 소리가 나지막하게 앓고 있다. 숲을 지키던 영혼이 새들과 함께 멀리 날아간 모양이다. 마른 계곡도 숨을 멈추고, 바짝바짝 타들어가는 낙엽들만 이리저리 굴러다닌다. 언제 다시 찾을 수 있을까? 도둑맞은 내 영혼의 고향을!

별을업은男子

제 5부
눈물

다시 당신이 남긴 말이 가슴을 찌른다
“열심히 살고, 건강을 지켜라.”라는 말이
나도 내 아이들에게 이 말을 남기고 싶다
“건강하고, 분수를 지키고, 열심히 살아라.”라고

눈물

봄비 탓일까. 꽃샘추위와 겹친 날씨가 사람을 우울하게 만든다. 흐릿한 거리 풍경은 우중충하다. 차창에 부딪히는 빗살무늬의 빗방울을 보고 있으니, 보름 전의 일이 또렷이 떠오른다.

책상 위 휴대전화가 비 맞은 강아지 물기 털듯 부르르 몇 번 떨었다. '어무이 영면하셨다.' 아내에게서 날아온 문자이다. 순간, 글자가 한 줄도 보이지 않고 나도 모르게 눈물 몇 방울이 떨어졌다. 사흘 전 아침에는 많은 차도가 있어 곧 퇴원할 예정이란 말도 들었었는데. 거짓말 같아서 또 문자를 봤다.

병실 안은 조용하고 아늑하다. 자는 듯 누워 있던 당신이 눈을 반쯤 뜨고 맞아준다. 좀 나아지셨느냐고 여쭈니, "큰 걱정하지 마라." 하신다. 창가에 기댄 햇살이 병실 안을 희미하게 감돈다. 병원 뜰 양지의 진달래는 기지개를 켜지만, 꽃샘추위에 웅크린 응달의 목련은 장모님 닮았다. 눈 주위가 이스트를 넣어 부푼 빵처럼 도톰하다. 드문드문 검버섯과 주름이 삶의 굴곡을 말해주지만, 여전히 곱다. 한참 말없이 잡은 손에서 따뜻한 온기가 전해온다.

지난 명절에 세배하러 갔을 때의 장모님이 생각나 콧잔등이 찐했다. 머리가 커진 두 아이를 앞세우고 대문을 두드렸다. 반가움에 두 팔을 벌리고 맞아주시는 모습이 어린아이 같았다. 조금 멀다는 핑계로 자주 찾아뵙지 못한 죄스러움에 얼굴이 화끈거렸다. 외손자들이 맛있게 저녁을 먹는 모습을 지켜보는 당신의 얼굴이 환했다. "학교생활은 어떠냐? 군대도 갔다 왔는데 너무 어려 보여서 되겠나." 하시며 모처럼 외손자들과 주고받는 이야기꽃은 밤이 이슥하도록 피었다.

결혼 전의 일이다. 지인의 소개로 사귀던 지금의 아내가 갑자기 그만 만나자고 했다. 쌉싸래한 씀바귀를 씹는 듯해 속이 뜨끔했지만 그러자고 했다. 자존심 때문에 아무것도 묻지 않았다. 이유가 뭐냐고 마음속으로만 열 번도 더 물었다. 괜히 동생에게 짜증을 내기도 했다. 사람과 사람의 인연. 살아가면서 앞으로 수많은 만남과 이별을 겪을 것인데, 이 사람은 내 인연이 아닌가 보다 하고 자신을 위로했다. 몇 달 후 다시 연결이 된 것은 순전히 장모님의 힘이었다. '별 사람 없다. 내가 알아보니 그만하면 네가 살아가면서 큰 고생은 안 하겠다.' 라는 당신의 말에 인연의 고리는 더욱 조여진 모양이다.

'명복공원' 2번 화장로에 관이 들어가고 문이 닫혔다. 한 사람의 육신과 영혼이 돌아올 수 없는 이별의 강을 건너는 곳이다. 어금니를 악물고 버티던 눈물이 줄줄 쏟아진다. 불꽃이 눈앞에서 일렁거리는 듯해 내 얼굴이 화끈거린다. 문득, 결혼 초의 일이 불꽃 속에서 살아난다.

그날 낮, 가게서 사온 김밥을 먹고 아내가 몸이 이상하다고 했다. 체한 듯해 약을 먹었지만 날이 갈수록 상태는 나빠졌다. 고열에 시달리며 체중도 급격히 줄었다. 유사 장티푸스라는 진단이 나왔다. 가슴이 철렁 내려앉았다. 세 살배기 아들의 얼굴을 보고 있노라니 눈물이 핑 돌았다. 처가에서 요양하기로 했다. 퇴근길에 처가에 들르면 장모님은 늘 아내 옆에서 간호하고 계셨다. "네가 왜 이러고 누워 있느냐. 어서 일어나야지."라며 걱정하시던 모습이 불꽃 속에 일렁인다.

눈물은 지워지지 않는 언어의 마디일까. 남은 사람과 떠난 이의 마지막 대화를 눈물 속에서 주고받는다. '장모님 부디 극락왕생하세요.' 하릴없이 중얼거리는 마음만 어둡다. 두어 시간 후면, 이승에서의 흔적이 한 움큼 재로 남을 것이다. 벗어던진 육신을 뒤로하고 본래의 고향으로 귀의하리라. 맥이 풀리고 두 다리가 후들후들 떨렸다.

도래솔로 싸인 야트막한 양지에 한 줌 유골이 묻혔다. 봉분도 없다. 아담한 비석만 세워 자리를 지키리라. 새벽부터 찌푸리던 하늘이 기어이 비를 뿌렸다. 운무가 자욱한 보슬비 속으로 누가 걸어가는 듯 보였다. 처가 방문 후 돌아설 때면 늘 "잘 살게."라며 미소 지으며 손을 흔들던 일이 생각나 눈앞이 흐릿하다.

승용차 밖으로 나와 우산도 없이 걸었다. 얼굴에 떨어지는 빗물이 눈물과 섞인다. 삶을 시샘하는 비바람만 봄꽃 속에 춤을 춘다.

지팡이

가을바람이 은행나무 어깨에 손을 얹자, 노란 나비 수십 마리가 날아오른다. 쭉 뻗은 도로의 은행나무를 보니 눈이 시원하다. 멀리 건널목에 희미한 물체가 지나간다. 천천히 속도를 줄여 정지선에 선다. 한 노인이 힘들게 걸음을 옮기고 있다. 왼손에 지팡이를 짚고 비틀거리는 모습이 금방이라도 쓰러질 듯하여, 보는 내 몸이 저려온다. 생전의 아버지가 떠올랐기 때문이다.

대입준비 하느라 밤늦게 학교에서 돌아오니 집안 분위기는 초상집이었다. "풍을 맞은 것 같다." 눈물로 얼룩진 어머니의 목소리가 사그라지는 불씨이다. 물먹은 솜처럼 누운 아버지의 모습에 나는 우두망찰했다. '이제 겨우 불혹을 넘기신 나이인데.' 몇 달이 지나자 말도 하시고 조금씩 걷게 되었다. "미안하다." 라는 어눌한 한 마디에 설움이 밀려와 가슴은 터질 지경이었다. 그때 짚고 다니던 갈색 지팡이가 내 눈에 아른거렸다. 오른쪽 수족이 마비인지라 왼손으로 짚고 뒤뚱거리며 걸을 때면 내 머릿속은 아찔해졌다. 그것은 아버지의 분신이 되었다.

대학 3학년 초여름이었다. 새벽에 거실에서 '쿼당' 하는 소리가 들려 급히 나가보니 아버지가 쓰러져 있었다. 부축해서 일으키려는 내게 "별일 아니니 들어가거라." 하시고 억지로 일어나신다. 온몸은 땀으로 흠뻑 젖었다. 새벽에 혼자 일어나 거실에서 몸을 푸는 운동을 하다가 넘어진 모양이었다. 구석에 세워 놓은 지팡이가 보였고, 눈물 섞인 쓴웃음을 지으신 당신의 얼굴이 가슴에 파고들었다.

문득, 어머니가 생각난다. 중풍으로 십몇 년 고생하다 가신 아버지의 모습 위에 어머니가 겹쳐진 것이다. 몇 년 전 장시간의 척추수술을 한 후 지팡이가 당신 몸의 한 부분이 되었다. 아파트 모퉁이를 돌아가는 노인이 어머니를 닮은 듯해 급히 달려가 보니 다른 사람이었다. 힘겹게 지팡이를 짚고 가는 사람만 보면 모두 어머니 같다. 어머니를 생각하면 자꾸만 얼굴이 화끈거린다. 이따금 안부전화 몇 통으로 생색만 내는 나는 무엇일까? 생각과 말만 앞서는 나를 비웃는 지팡이가 회초리 되어 눈앞에 어른거린다.

거동이 불편할수록 지팡이에 의지하면 몸과 마음이 편안해진다. 때로는 소월의 서정시 한 편이 되기도 하고, 요절한 배호의 절절한 가요 한 곡 구실도 한다. 젊을 때는 큰 필요를 못 느끼지만, 켜켜이 쌓인 세월 앞에서는 없어서는 안 될 존재이다. 떨어져 사는 피붙이

보다도 더 친근한 신체의 일부이다. 불편한 팔다리를 지탱해주는 삶의 지주일 것이다. 그에게서 따스한 체온이 느껴진다.

지난 토요일 오후, 아파트 경로당 문 앞에 기대 놓은 몇 개의 지팡이를 보았다. 경로당 안에서는 조근조근 이야기가 들린다. 옆에 나란히 세워 놓은 지팡이들도 귀를 쫑긋한다. 때가 묻은 손잡이마다 주인의 향기가 풍긴다. 단순히 유형有形의 막대기가 아니라, 마음의 버팀목이다. 그들끼리도 무엇인가 얘기를 하는 듯하다. 퇴색하고 군데군데 껍질이 벗겨진 부분을 보며 그 주인의 일생을 그려봤다. 말없이 서 있는 모습이 찾는 이 없는 묘비 같다.

창밖 건너편 숲의 단풍이 절정이다. 커피 한 잔을 앞에 놓고 자신을 돌아본다. 내 삶에서 마음의 지팡이는 무엇이고, 지금 어디 있을까. 내 언제 남에게 편안한 지팡이가 되어 준 적이 있었던가? 갈색 커피 속에 등 굽은 어머니의 모습이 희미하게 어린다.

우연히 만난 아들

"어, 잠깐, 잠깐. 오른쪽에 차 붙여 봐. 스톱. 스톱."

물위를 미끄러지듯 달리던 차를 급히 세웠다. 옥천 인터체인지를 빠져 나온 지 십여 분이나 되었을까? 시월 둘째 주 휴일, 동료들과 대둔산 등산을 가는 중이다. 설악산 쪽에서 내려온 단풍이 산허리까지 출렁거린다.

자연을 찾아 가는 여정은 즐겁다. 자식들 얘기로 승용차 안은 달아올랐다. 나도 차창 밖 가로수를 보며 우리 집 첫째 아들을 생각하고 있었다. 올봄에 제대를 한 그가 추석 다음날 친구와 전국일주 자전거여행을 떠난 것이다. 여행의 전체 일정도, 지금쯤 어디로 가고 있는 지도 모른 상태다. 한 달 남짓 걸릴 예정이라는 말만 얼핏 들었었다.

저 멀리 길 가장자리로 자전거를 탄 두 사람이 뒤뚱거리며 달리는 게 보였다. '지금쯤 내 아이도 저렇게 다니고 있겠지.' 옆으로 지나치며 차창을 통해 슬쩍 돌아봤다. '아니, 이럴 수가!' 나도 모르게 소리쳤다. "어, 어, 잠깐 차 세워 봐."

내 아들이었다. 믿을 수 없었다. 내려서 손을 잡으니 눈물이 왈칵 쏟아지려고 한다.

"야, 너를 여기서 만나다니!"

텁수룩한 머리에 후줄근한 복장, 얼굴은 검게 그을렸다. 날짜를 꼽아보니 열흘이 훌쩍 지났다. 다시 찬찬히 뜯어봤다. 좀 수척했지만 눈빛만은 가을 샘물 같았다. "걱정 마세요. 힘들지만 세상 구경 잘 하고 다닙니다." 몇 마디 대화를 통해 내 마음은 가을바람 스친 강처럼 파문이 인다. 동해안을 거슬러 통일 전망대까지 갔다가, 경기도 이천을 거쳐 전라도로 가는 중이라고 한다.

감정표현이 미숙한 나는 아들에게도 잔정을 잘 나타내지 못한다. 안아주거나 몸을 부비는 행동을 한 적이 별로 없다. 반갑고 좋은 일이 있어도 덤덤하게 웃거나 손을 잡고 등을 두드리는 정도이다. 마음으로는 적극적인 행동을 하고 싶지만, 내성적인 성격 탓인지 잘 안 된다. 문득, 내가 면회 한 번 못간 아들의 군 시절이 떠오른다.

동해안 최북단에서 군복무를 한 아들은 며칠마다 전화통화로 집과의 끈을 놓지 않았다.

"엄마, 접니다. 별일 없지요. 잘 지내고 있어요."

몇 마디에 아내는 이따금 눈시울을 붉혔다. 바닷가 초소와 가까이 있는 터라 한밤중에 보초를 많이 선다고 했다. 보초임무를 끝내고 이따금 통화를 한다. 별빛이 가득 쏟아지는 한밤중이거나 파도소리만 가슴을 쓸어내리는 새벽일 때가 흔했다.

"그래, 어려움은 없나?"

"그냥 그냥, 지냅니다."

무뚝뚝한 몇 마디에서 외로움과 고달픔이 묻어난다. 짧지만 혈육의 정은 전류를 타고 흘러 짜릿하다.

나는 요행을 잘 믿지 않기에 로또복권은 거의 사지 않는다. 기다리는 동안의 행복감은 느끼겠지만, 확률의 가능성에 기대를 걸지 않기 때문이다. 오늘 여기서 아들을 만날 확률을 생각해봤다. 번개에 맞을 확률일까? 천륜일까? 오묘한 조화일까?

"조심해라."

"걱정 마세요. 잘 마치고 건강하게 집으로 돌아갈게요."

잠시 뒤 다시 페달을 힘차게 밟고 오르막길을 먼저 출발한다. 채 5분도 안 된 만남을 뒤로하고 서로의 길을 떠났다. 뒤 차창으로 차츰 멀어져 두 개의 점으로 보일 때까지 그들의 모습을 지켜보았다. 알 수 없는 감정의 파도가 울컥 위벽을 훑어 내린다.

촉촉한 눈으로 돌아본 승용차안의 시계는 10시 55분을 가리키고 있었다.

경상도 남자

"여보, 청소 좀 해 주세요."

휴일 아침 단잠에서 깨어 선식으로 아침을 해결하고, 느긋한 햇살을 즐기고 있을 때 어깨너머에서 들려오는 소리다. 베란다 창을 통해 불어오는 바람과 맑은 새소리에 취해 있던 나는 화들짝 놀라 일어났다. 일주일 내내 직장생활에 쫓기다가 모처럼 휴식중인데 집안일을 하라니, 내심 적잖이 불쾌했다. 아내는 맞벌이하는 직장인도 아닌데……. 물론 평소에 아이들 뒷바라지며 식구들 건강 등 신경 쓸 일이 많다는 것은 잘 알고 있다. 하지만 남편과 아이들이 직장이나 학교로 가는 평일, 다른 일과 함께하면 좋지 않나 하는 마음이 먼저 들었다. 전에는 자주 청소를 했지만 오늘은 마음이 내키지 않는다. 한편으로는 '청소를 한 번 해 볼까' 하는 생각도 하다가 무시하고 거실로 나와 버렸다.

거실에서 TV채널을 돌리고 있는 내게 커피 한 잔을 타 달라는 새로운 주문이 들어왔다. 커피는 농도에 따라 마시는 취향이 다르다. 커피 종류의 양과 크림, 설탕의 배합이 미세한 차이가 있어도 다른 맛이 난다. 언제부터인지 우리집 커피 담당은 내가 맡고 있다. 아내는 내가 배합한 커피에 입맛이 들어 다른 사람이 탄 커피는 잘 마시지 않는다. 기꺼이, 나는 주방에서 익숙한 나만의 커피를 타서 차 한 잔의 여유를 함께 즐긴다. 물론, 커피를 여자가 탄다는 생각도 전근대적인 남성우월주의의 발상이지만.

'결혼과 부부' 라는 문제에 대해 잠시 생각을 풀어본다. 전혀 다른 문화적 환경과 성장과정을 거쳐 2, 30여 년을 살아온 사람들이, 사랑이라는 알갱이를 바탕으로 이루어진 만남이다. 평생을 서로 배려하고 사랑하고 살아가는 것이 결혼의 기본적인 핵심이다. 가정이라는 울타리를 만들어 서로 돕고 존경하고 때로는 불협화음으로 살아가기도 하지만, 함께 시련을 헤쳐 나가면서 아름다운 삶을 가꾸는 것이 부부관계이다.

부부는 서로 닮아 간다고 한다. 내가 모자란 것은 상대가 가지고 있고, 상대가 부족한 것은 내가 갖추고 있는 경우가 많다. 서로 의지하며 살아가는 것이 진정한 부부의 모습이다. 남자이지만 섬세하고 감수성이 강한 나와, 겉으론 여성스럽지만 선이 굵게 처신하는 아내와의 만남. 언제나 배려하고 인내한다는 마음이 없었다면 서로 많이도 부딪쳤을 것이다. 삼십여 년 살아오면서 얼굴 몇 번 붉히지 않고 살아온 것은, 서로 닮으려고 참고 노력한 결과이다.

나는 가끔 자질구레한 집안일 하는 것을 좋아한다. 사랑하는 아내를 돕는다는 의미도 있지만, 내가 즐거운 마음으로 시작할 때 그것은 일이 아니라 흥겨운 삶의 연주가 된다. '팔불출' 이라는 말이 생각나지만 그건 지난 유교문화의 틀에 익숙한 낡은 인습일 뿐이다. 상대를 배려하고 돕고 산다는 것은 얼마나 아름다운 일인가. 물론 지나친 것은 모자람보다 못하지만, 분수를 지키면 더욱 바람직한 삶이 아닐까. 이십 수년을 살다 보면 상대의 숨소리만 들어도 그날의 기분과 심정을 읽을 수 있다. 마음을 읽고 배려하면서 살아가는 삶, 그 자체가 축복받은 인생이다.

인생을 흔히 하루 동안의 마라톤에 비유한다. 여명에서 황혼까지 삶을 아름답게 살아가려면 여유를 즐길 줄 알아야 한다. 어느 철학자의 말처럼 느리게 사는 방법을 즐겨야 하지 않을까. 한가로이 산책하고, 주장하기보다는 남의 말을 잘 듣고, 느긋함을 즐기는 것들이다. 인생의 마라톤은 천천히 한 걸음씩 달려야 한다. 물론 바쁜 현실에서 실천하기가 쉽지는 않다. 여유 없이 살아간다는 것은, 살아도 사는 것이 아니다. 느림의 느긋한 마음을 가져야 사랑과 배려가 깊어지고 부부간에는 단단한 끈으로 맺어질 것이다.

시대가 너무 빨리 변한다. 일 년 전의 일이 아득한 과거가 되고, 오늘의 새 소식이 내일은 낡은 지식이 되는 시대이다. 세대차를 느끼는 기간이 너무 빠르다. 몇 년 사이에 한 세대가 흘러간 것처럼 사고의 폭과 생각의 패러다임이 바뀐다. 죽도록 사랑해서 결혼했다는 부부가 얼마 가지 않아 이혼한다는 안타까운 일이 쉽게 일어나는 현실이다. 많은 원인이 있겠지만 흔히 성격차이라고 규정짓는 이혼이 가장 높다. 그리고 경제문제나 가족 간의 불화가 가정을 파괴시키는 대부분의 이유이다. 결혼은 단순한 이벤트가 아니라 신과 두 사람의 약속인데 개인주의의 심화로 이혼이 급격히 늘고 있는 현실. 서로의 사랑과 배려가 사라진 것이 가장 큰 원인이 아닐까.

어제부터 아내의 입술 언저리가 부풀어 온다. '백수가 과로사 한다.'는 말이 생각나 혼자 피식 웃음 짓는다. 슬며시 일어나 베란다 창을 열고 청소기를 잡는 내 모습에 활짝 핀 군자란이 쪽빛 하늘 향해 고개를 돌린다.

선물

순간 정신이 번쩍 들었다. '삼학년 육반 신종플루 확진 2명' 일과가 끝날 무렵 교무실 게시판에 적힌 내용이다.

느낌이 이상했다. 그 반은 내가 제일 많이 수업하는 반이다. 아침부터 감기 증상이 조금 있었지만, 갑자기 열이 더 나는 것 같다. 보건실에서 체온을 재니 37도. 걱정할 정도는 아니지만 밤새 열이 계속되면 내일 병원에 가서 신종플루 검사를 받아보는 것이 좋겠다고 얘기한다.

밤에 누워 있으니 온갖 생각이 이어달리기한다. '정말 걸렸으면 어쩌지.' '설마 내가' '이제까지 주위에 아무도 안 걸렸는데.' 열은 계속 나고 잠은 오지 않았다. 첫 수학여행 가기 전날 밤처럼 시간을 묶어 놓은 것 같다. 답답하고 지루해서 거실에서 TV를 보다가 방에 들어오기를 되풀이했다.

아침을 먹고 동네 내과의 문을 두드렸다.

"예, 얘기를 들어보니 지금 종합병원에 가서 검사를 받는 것이 좋겠습니다."

몇 마디 대화 끝에 의사가 나를 밀어냈다. '아, 내가 정말 걸렸단 말인가.' '아니 의심이 나서 한 말일 거야.' 마음속으로는 끝없이 부정을 했다. 그래도 혹시 하는 걱정으로 입술이 바싹바싹 타는 듯했다. 한참 망설인 끝에 Y 대학병원 응급실을 찾았다. 콧속에 무엇인가 넣었다가 빼더니 결과는 저녁 6시쯤 나온다고 한다.

기다리는 시간은 더딘데다 바늘방석이었다. 판정시간이 가까워져 오자 식은땀이 난다. '정말 걸렸을까.' '아닐 거야. 환자와 직접 접촉한 일도 없는데 뭐.' 오후 6시 10분쯤 심호흡을 한 후 전화를 걸었다.

"예, 음, 환자분은 양성반응이 나왔으니 지금 오셔서 치료약을 타 가시길 바랍니다."

맥이 쫙 빠졌다. 가슴 한편으로 무언가 서늘한 것이 지나가는 것 같았다. '그렇게 아니길 바랐는데.' 하늘이 빙글빙글 돈다. '당하면 당한 대로 살아야지. 다른 방도가 있나.' 생각을 바로잡고 핸들을 잡았다. 퇴근시간이라 도로는 차들의 홍수다. 온갖 불빛이 다 나를 향해 달려오는 것 같다. '이 많은 사람이 다 괜찮은데. 내가 감염되다니' '내가 뭘 잘못했다는 말인가.'

사람은 아프거나 괴로움을 당하면 자신을 돌아본다. 최근의 일을 곰곰 생각해봤다. 크게 어긋한 길은 걸은 적이 없고 남의 피해 끼친 일도 별로 없다. 얼마 전 순간의 감정을 참지 못해 체벌한 기억은 난다. 그 애가 잘못 해놓고도 거짓말하며 달려드는 것을 인내로써 다스리지 못한 것이다. 물론, 그날 밤은 내내 마음이 언짢았다. 차분하게 설득을 못 시킨 내가 부끄러웠다. 그렇지만, 지금 이 병과는 아무 연관이 없지 않는가.

저녁 뉴스에서는 연일 야단이다. 오늘도 호흡기 장애가 있는 환자 두 명이 신종플루로 사망했다. 감염속도가 빨라 수만 명이 죽을지도 모른다고 한다. 리모컨을 잡은 손이 떨린다. 갑자기 숨이 막히는 것 같다. 이러다가 나도 죽는 것이 아닐까? 유서라도 써 놓아야하나? 아내와 아이들 얼굴이 겹쳐 지나가고 팔순의 어머님도 떠오른다. 온몸에 소름이 돋는다. 살고 싶다. 살아야한다. 부처님 하느님을 찾았다. 나도 모르게 눈물이 주루룩 흐른다. 꿈만 같아서 빨리 깨고 싶었다.

집 안에서 모두 마스크를 쓰고 서로 말을 아끼니 마치 외계인 집단 같다. 나는 바이러스가 식구들에게 옮지 않도록 새색시처럼 긴장했다. 기침을 할 때도 문고리를 만질 때도 조심했다. 식구들과 다른 시간에 혼자 밥을 먹고 수건과 물건을 따로 사용했다. 하나밖에 없는 화장실 사용에도 특별히 신경을 썼다. 치료약의 효과는 만점이었다. 하루가 지나자 열은 언제 그랬는가 싶게 사라지고 기침만 이따금 나왔다.

그런데, 아내의 상태가 불안하다. 처음엔 몇 번씩 기침을 하더니 이제는 자주 한다. '이럴 수가!' 겁이 덜컥 났다. 열이 좀 나느냐고 물으니 괜찮다고 한다. '혹시 아내가?' 내가 아픈 것은 저 멀리 달아나고? 아내의 증세에 신경을 곧추세운다. '제발, 절대로 안 되는데!' 해질 무렵 아내의 머리에 슬며시 손을 얹으니 불덩이가 전해온다. 눈물이 쏟아지는 걸 애써 참고 아내의 얼굴을 외면했다.

"양성 반응이 나올 확률이 높습니다."

Y 대학병원 담당 의사가 검사 시료를 채취하고 무덤덤하게 말한다. 세상에 이런 일이! 이런 선물을 아내에게 하다니…….

다음날 저녁, 아내의 치료약을 받아오는 내내 우리는 아무 말도 하지 않았다.

천천히 살아가기

기어코 일이 터졌다. '내일부터 H 스포츠 센터 잠정 폐장합니다.' 라는 벽보가 눈에 들어왔다. 치밀어오는 화를 삭이며 한걸음에 계단을 올라갔다. 사무실에 들어가니 직원들도 약 먹은 꿩처럼 멍하니 앉아있다. 나보다 그들이 더 황당한 모양이었다. 퇴근 후 으레 찾는 헬스장의 분위기는 지난 연말부터 이상했다. 몇 달째 강사들의 월급이 밀려 있다는 소문도 들었지만 '설마 망하지는 않겠지.' 하고 큰 관심을 두지 않았었다.

놀이기구 궤도를 타고 돌아가듯 정해진 내 일과에 제동이 걸렸다. 연회원으로 등록한지라 남은 기간도 있기에 다른 곳으로 옮기기도 아깝고 해서 느긋하게 기다리기로 했다. 약속된 달포 가량 기간이 지났지만, 재개장 소식은 오지 않았다. 답답한 마음에 사무실로 찾아갔다. 흐트러진 집기와 휴지만 쌓여 있는 책상, 유월이지만 찬바람이 부는 듯 을씨년스럽다. "우리도 무엇을 어떻게 해야 할지 모릅니다. 새로 인수한 사람의 지시가 없어요. 오늘내일 하면서 무작정 기다리는 중입니다." 내뱉듯이 툭 던지는 몇 마디에 허전함이 가득 배여 있었다. 대여섯 명의 직원이 밀린 임금 얼마라도 받으려는 희망으로 남아, 화투놀이로 시간을 보내는 중이었다.

P 사장이 이 사업을 인수한 지도 십 여 년이 지났다. 수영 강사로 근무하다가 부도위기에 내몰린 H 스포츠 센터를 맡아 열정을 가지고 출발했었다. 몇 년 전에는 찜질방 사업까지 손을 대 앞날이 장밋빛으로 보였으나, 도리어 그것이 화의 뿌리가 된 모양이다. 치밀한 시장조사가 덜 된 상태에서 의욕만 앞세운 욕심의 종착점일까. 바람 빠진 풍선이 되었다. 앞만 보고 급히 뛰어가다가 뒤로 넘어진 꼴이다. 천천히 순리라는 경영의 묘를 살리지 못한 탓으로 결국 다시 문을 닫았다.

헬스의 매력에 푹 빠지지 않았지만, 하루라도 거르면 내 안에서 거슬리는 소리가 난다. 화창한 날, 낮잠 자다가 갑자기 깬 그 뭐라고 말할 수 없이 찌뿌등한 기분 상태랄까. 몸이란 땀으로 촉촉이 젖을 만큼 운동해 주어야 부드러운 음악소리를 낸다. 그렇다고 보디빌더처럼 굴곡이 드러나는 멋진 몸매를 가꾸려는 기구운동은 즐기지 않았다. 가벼운 걷기와 스트레칭을 즐겼다. 예전에는 구기운동도 즐겼지만 승부욕으로 경쟁을 하게 되어 지금은 즐기지 않는다. 쌓이는 세월에 몸도 마음을 따라주지 못했다. 경기에 욕심만 앞서게 되어 몇 번 다치고는 혼자 하는 운동에 심취하게 되었다.

내가 이 스포츠 센터와 인연을 맺은 지 스무 해가 된다. 오래전부터 수영을 배우고 싶었으나 시력이 좋지 않아 망설이고 있었다. 우연한 기회에 도수 수경이 있다는 소식을 듣고 발을 들여놓았었다. 첫 시간, 물에 대한 적응 훈련 때였다. 동전을 제일 깊은 곳에 던져놓고 먼저 건져내는 게임을 했다. 잠수해서 버둥거리며 물까지 한 잔 먹고 억지로 동전을 건져 기뻐하는 내게, 강사가 한 말이 열심히 하게 된 계기가 될 줄이야.

"이분은 수영에 제일 소질이 없는 분입니다. 대부분 초보자는 부력 때문에 바닥의 동전을 건져 내기 어렵습니다."라고.

세상일이란 음지가 양지가 되고, 양지가 음지가 되는 일이 많다. 대학에 갓 들어간 새내기 시절 서예에 심취했을 때의 일이다. 절친한 친구 K와 같은 시기에 입문을 했다. 손재주가 많고 세심한 K를 따라갈 수 없었다. 잘 써 보고자 노력을 했으나 늘 그의 글씨가 더 칭찬을 받았다. 어느 날 '왜 이렇게 능력이 없을까.' 하고 실의에 빠진 내게 선생님의 말 한 마디가 새로운 전환점이 되었다. "지금 조금 앞서느냐가 중요한 것이 아니라, 십 년 이십 년 후에 누가 남아 있느냐가 더 중요하다. 능력 있는 사람은 재능만 믿고 노력이 부족하니, 지금 좀 서툴더라도 얼마나 끈기 있게 밀고 나가느냐가 중요하다."라는 가르침이 평생의 좌우명이 되었다.

세상의 빠른 변화에서 느껴지는 가벼움이 답답하다. 바다 건너 나라에서 시작된 불황의 불똥이 피부에 닿는 시간은 순식간이다.

빛의 속도로 바뀌는 세상이 아닌가. 성난 파도에 피할 도리가 없다. 세계화와 정보화시대에다 불확실성이 전개된다. 새천년이 시작된 이후 불어온 변화의 바람이 너무 강하다. 변화의 폭과 사고의 패러다임이 질주하는 시대! 수십 년 일선 교육현장을 지켜온 나도 중심을 잡기가 어렵다. 지키고 계승해야할 미덕과 느림의 가치가 사라져가는 느낌이다. 발전과 개혁이라는 이름 속에 가장 소중한 것을 잃어버리는 것 같아 서글프다.

늦은 밤 강변 산책길은 허연 개망초 꽃이 먼저 반긴다. 어제께 종일 내린 비 덕분에 강물이 수중보를 활기차게 넘어간다. 뽀얀 왜가리 한 마리 갈대숲에서 유유히 차올라 느릿한 날갯짓을 하며 상류로 날아간다. 물 흐르는 소리가 유난히 정겹고 여유롭다. 자정이 가까운 시간이라 사람도 거의 없다. 천천히 자신을 돌아보며 걸을 수 있어서 더욱 아늑하다. 흰 구름 지나간 하늘엔 별이 총총하다. 무언지 모를 충만감에 흥이 절로 난다. 중중모리 장단에 어깨를 들썩이며 진도 아리랑을 흥얼거린다. 아름다운 삶이란 이런 것이 아닐까 하고 자아도취에 빠진다. 야밤에 푼수짓도 유분수지만 보는 사람이 별로 없어 가능한 일이다.

느림의 아름다움을 잃고 사는 사람들이 너무 많다. 새날이 오면 학생들에게 일깨워 주고 싶다. 평범한 삶의 즐거움과 지혜를 살며시 일러 주리라. 여유를 가지고 천천히 사는 것이 가장 빠르게 사는 것이라고. 흐르는 물에 나를 띄운다. 출렁이는 물결 따라 몸과 마음이 하나가 되어 흐른다.

말없이 유유히 흐르는 강물을 바라본다. 천천히 살아가는 것이 가장 빠르고 풍성하게 살아가는 것이라고 속삭이는 듯하다. 여유와 조화, 배려와 기다림이 있는 느긋한 삶이 아름다운 내일의 길을 환하게 비추어 주리라.

빈자리

이를 닦는 데 입안에서 툭 소리가 난다. 이가 부러진 것이다. '아이고, 큰일 났네.' 거울 속의 얼굴이 울상을 짓는다. 몇 년 전에 썩어서 임시로 때워 놓은 부분이 깨져 버렸다. 손에 얹어 놓으니 사금파리 같다. 아주 작은 덩어리가 떨어졌건만 입안은 허전하다.

여고 동창들과 동해안 여행을 간다고 아내는 며칠 동안 들떠 있었다. 밑반찬을 만들고 국을 한 솥 끓여 놓더니

"알아서 챙겨 드세요. 죄송해요. 잘 다녀올게요."

하고 훌쩍 떠난 지 이틀이 지났다. 딸이 없는 집이라 남자들끼리 처리를 해야 한다. 전에도 여러 번 아내 혼자 여행을 갔기에 별 어려움은 없었다. 군에 갔다 온 아들이 밥도 잘하고 설거지도 자주 해 온 터이다.

남자 셋이서 TV를 보며 저녁을 먹는다. 말없이 먹는 일에만 열중한다. 분위기가 서늘하다. 공기나 물처럼 늘 있을 때는 존재의

가치를 못 느끼지만, 하루라도 없으니 아쉬움이 크다. '드는 줄은 몰라도 나는 줄은 안다' 라는 속담이 빈말이 아니다.

음식을 씹을 때마다 거북한 느낌이 든다. 깨진 쪽으로는 씹지 않으려고 하지만 혀끝에 닿는 미묘한 감촉이 자극을 준다. 찬물을 마시면 감전된 듯 짜릿하다. 아내는 즐겁게 여행하고 있을까. '하하호호 재미있는 여행 부럽네' 라고 아내에게 문자를 보낸다. ' 정말 좋아. 푹 쉬다 갈게요. 미안해요.' 새장 속을 벗어난 새가 되어 돌아오기가 싫은 모양이다. 평소에도 한 달에 한 번쯤 다른 모임에서 여행하곤 했다. 하지만, 이번엔 여고시절 친구들과의 여행이라 기분이 남다른 모양이다.

수많은 톱니바퀴가 맞물려서 역사를 만들어간다. 가정을 지탱하는 작은 톱니바퀴들이 하나라도 어긋나면 어려움이 닥친다. 돈, 건강, 능력 같은 부품에다 이성과 감성의 정신적인 부품이 건실해야만 행복한 삶을 살아갈 수가 있다. 빈자리가 많이 생기지 않는 삶이 복된 삶의 지름길이다. 크고 거창한 것이 아니라, 아주 조그마한 부품의 빈자리에서 불행의 씨앗이 싹튼다. 잠시 비운 아내의 자리가 한없이 넓다. 이따금 자신에게도 묻고 싶다. 나는 얼마나 많은 빈자리를 만들고 있을까? 갑자기 집이 궁금해진다.

"일어났니?"
"예, 방금요"

"아침 먹고 학교 갈 준비해야지"

"걱정하지 마세요. 알아서 할게요."

시계를 보니 10시 30분이다. 수업이 오후에 있다고 어제 밤늦도록 보고서 준비하느라 불을 밝히더니 아직 잠자리에 있는 느낌이다. 아내가 여행에서 돌아오려면 며칠 더 지나야 할 텐데. 출근하면서 내가 깨웠지만, 다시 잠자리에 들어간 모양이다. 챙겨주던 엄마가 없으니 궤도를 벗어난다. 천천히 창밖으로 고개를 돌린다.

붉게 물들었던 도서관 담벼락의 담쟁이들이 시나브로 떨어지고 남은 잎들이 떨린다. 스산한 바람에 뒤척이던 단풍이 햇빛을 받아 반짝거린다. 얼마 후면 삶을 마감하고 사라질 것이다. 짓다가 만 아파트의 철근이 얽힌 것처럼 앙상한 줄기만이 잎 떨어진 자리를 지킨다. 봄이 오면 새잎으로 채울 것이지만, 빈자리의 겨울은 황량하기만하다. 돌아오지 않는 인간의 빈자리는 생각하기조차 싫다.

문득, 아버지의 얼굴이 떠올랐다. 불혹을 막 넘긴 나이에 중풍으로 고생만 하다가 돌아가신 아버지. 평소에는 별로 말이 없으셨지만, 어느 날 동생과 나를 불러놓고 하시던 말씀이 생생하다.

"건강해라. 나는 건강을 잃어 인생에서 실패했지만 너희는 절대로 그렇게 되면 안 된다." 눈물 어린 어눌한 목소리로 당부하신 모습이 선하다. 지팡이에 의지해 재활에 힘을 썼건만 환갑의 문턱에서 삶을 마감하신 당신이시다. 투병 중에도 존재하는 자체로서 가정의 버팀목이 되신 아버지. 가신 뒤 절절히 사무치던 그 빈자리가 말할 수 없을 정도로 허전했다.

올해는 신종플루가 지배하는 세상 같다. 수업시간에 드문드문 빈자리가 보인다. 눈도 귀도 없는 바이러스가 이렇게 삶의 톱니를 어긋나게 한다. 빈자리가 생기는 것은 어쩔 수 없는 자연의 질서일 것이다. 곰곰 생각해 보면 톱니가 잘 맞지 않는 것이 정상이라는 생각도 한다. 어긋남이 없다는 것은 자연스럽고 완벽함을 말한다. 지금 세상에 그런 완벽함을 찾을 수가 있을까? 지나치지 않으면 괜찮지 않을까? 발전과 행복은 비례하지 않는 현실이 답답하다. 빈익빈 부익부가 깊어지는 사회. 무섭다. 빈자리만 점점 늘어난다.

지난 일요일 '꿈꾸는 자들의 섬, 노량진' 이라는 다큐멘터리프로그램을 시청했다. 경찰공무원, 교원, 소방공무원이 되고자 이십 대의 청춘을 도둑맞은 그들이 안쓰럽다. 인터뷰하는 얼굴에 스민 수심이 나를 짓누른다. 그들의 자리는 어디 있을까? 섬을 벗어나기 위해 헤쳐 나갈 파도가 너무 사납다. 젊음의 꿈은 저당 잡히고 높은 물살을 거슬러 오르다가 대부분 좌절하는 현실. 행복은 어디에 있고, 파랑새는 어디서 날고 있는가? 끝이 보이지 않는 터널 속에 들어온 그들의 출구를 누가 찾아 줄 것인가? 떠난 빈자리가 한참 동안 눈에 밟힌다.

명절과 동생

"어머니, 이번 설엔 못 내려갈 것 같아요. 건강하세요."

단 몇 마디의 통화로 대화는 끊어졌다. 순간 집안이 정적 속으로 빠져들었다. 내일 차례 음식을 장만하느라 분주한 정오 무렵, 서울 사는 동생에게서 온 전화이다. 양손으로 전을 부치시느라 전화기도 제대로 잡지 못하고, 아내가 귀에다 대어준 전화기에서 들려온 말이다.

한 직장에서 평생을 지낼 수 있는 태평성대는 오래전 얘기이다. 공직이나 교직을 빼고는 신분보장을 할 수 없는 급변하는 시대를 산다. 아날로그시대에서 디지털시대로의 변화 중 가장 빠른 변화는 평생직장이 사라진다는 점이다. 10여 년 전 외환위기로 많은 사람이 실직하였다. 동생도 그때 직장을 그만두고 다른 사업을 벌였다. 어렵게 버텨 오던 사업이 지난가을에 정리 중이라는 애기를 간접적으로 들었다. 그 일 때문일까. 아님, 조카의 대학 입시와 관계있는 일일까. 여러 가지 생각에 머릿속이 아파져온다. 잠시 휴식하며 TV를 보시던 어머니는 "눈이 저렇게 많이 오지만 모두 열댓 시간이 넘게 걸려도 고향 찾아 부모 집에 오는데……."하시며 못내 아쉬운 표정이었다. 명확한 이유도 말하지 않고 그냥 못 온다는 두 마디의 말만 하기에.

동생과 어머니의 관계는 늘 엇박자 변주곡이었다. 둘째만이 가진 특성이라고 할까. 어린 시절부터 그는 유난히 고집이 셌다. 제 것을 혼자 잘 갈무리하며 다른 사람이 접근하려는 것을 싫어했다. 집안의 사랑이 장남에게만 쏠린다고 느낀 모양이다. '열 손가락 깨물어 안 아픈 손가락 없다.' 라고 부모님은 똑같이 사랑을 베풀었지만, 그는 항상 투덜거렸다. 언제나 형보다 손해 본다는 피해의식이 숨어 있었을까. 우등생이던 그가 집안 형편 때문에 상업계 고등학교를 선택한 것이 잘못된 첫 단추이다. 국립대학 아니면 공부를 못 시킨다는 경제적 어려움도 많이 작용했으리라. 대학진학에 실패하고, 공부에 대한 응어리가 가슴에 남아서 문제마다 어머니와 대립의 각을 세운 것이다.

우리 집은 오 남매와 할머니와 부모님이 살아가는 평범한 가정이었다. 불행의 시작은 내가 고등학교 삼 학년 때였다. 공직을 그만둔 아버지가 세무사를 개업한 지 일 년 만에 뇌졸중이란 병마가 덮친 것이다. 순식간에 모든 것이 무너졌다. 수족이 마비된 아버지의 병간호와 수입이 없는 가계는 모두를 아득한 벼랑 아래로 밀어 넣는 듯했다. 재기가 넘쳤던 동생도 의욕을 잃고 방황하기 시작했다.

뒤늦게 진학의 소중함을 깨닫고 몸부림쳤지만, 배는 멀리 떠나고 마음만 아플 뿐이었다. 자신에 대한 불만이 쌓여 어머니께 자주 폭발한 것이리라.

몇 년 전 명절을 앞둔 날이었다. 그날도 제수 준비로 바쁘게 움직이고 있었다. 부지런하신 어머니는 이제 며느리에게 맡기고 쉬라고 해도 그냥 있지를 못한다. 늘 동생들 살아가는 걱정을 하시면서 잠시 방심을 한 것일까. 길쭉하게 생긴 큰 고구마를 칼로 자르다가 손가락 끝을 살짝 스친 것이다. 순식간의 일이라 가슴이 철렁 내려앉았다. 급히 병원 응급실을 찾았다. 끝 부분만 조금 날아갔기에 불행 중 다행이었다. 상처가 아물고 새살이 돋을 때까지 오랜 시간 고생을 하였다. 멀리 있었지만, 하루에 몇 번씩이나 전화하던 동생의 속마음이 전해온다. 지금도 그 손가락을 볼 때마다 가슴이 저려서 고개를 슬쩍 돌리곤 한다.

불쑥 걸려온 전화 한 통화에 당신의 낙심이 대단한 것 같다. 매년 조카들과 같이 오지는 못해도 동생은 꼭 왔기에, 오지 못한다는 말에서 가슴이 타는 모양이다. 자세한 내용은 알 수 없기에 더욱 마음만 졸이신다. 나는 별일 아닐 것이니 걱정하지 말라는 말만 해줄 수밖에 없었다. 팔순을 바라보는 나이에다 몇 년 전 척추 수술을 크게 해서 지팡이 없이는 잘 걷지도 못하시는 당신. 몸도 불편한데 마음고생은 하지 말아야겠지만 어쩔 도리가 없다.

십여 년 전 성탄절 전날 밤, 어머니를 모시고 동생과 서울 명동거리를 산책한 일이 있었다. 처음 가 본 명동 풍경을 동생이 어머니에게 여기저기 설명해주며 걷던 기억이 떠오른다. 노점에서 음식도 맛보고 웃으면서 배회하던 그날이 아련할 뿐이다. 사실 동생이 어머니에 대한 불만은 어쩌면 나에 대한 항변이 아닐까 생각해보았다. 직접 형에게는 대들지 못하고 자상한 어머니에게 투정을 퍼붓는 것이었다. 나는 동생에게 무엇을 베풀었을까. 아무것도 생각나지 않는다. 거친 세상에 던져진 그가 혼자 개척해 나가도록 지켜봤을 뿐이다. 서로 살아가기에 바빠 마음속으로만 기도해 주었을 것이다.

길에서 어린 형제가 나란히 걸어가는 모습은 언제 보아도 흐뭇하다. 형제란 자전거의 앞바퀴와 뒷바퀴라 볼 수 있다. 외발로 된 자전거는 균형 잡기도 어렵고 타기도 불편하다. 묘기를 부리거나 사람들의 관심을 끌기에 알맞을 뿐이다. 앞뒤 바퀴가 조화를 이루어 싱싱 바람을 가르고 달리는 모습에서 우애 있게 살아가는 형제를 생각해 본다.

밖에서는 눈발이 점점 굵어져 깃털 날리는 소리를 내고 있다. 수십 년 전, 명절을 손꼽아 기다리던 어린 시절이 더욱 그리워지고, 오지 못한다는 동생의 얼굴이 눈보라 속에서 또렷이 살아난다.

유언

이른 아침 전화벨 소리가 요란하다. 공휴일이라 이불 속에서 게으름을 피우는 중이었다. 봉덕동에 사시는 어머니의 전화였다. 갑자기 아버지의 몸이 마비되는 것 같고 말을 잘 못하는 것 같으니 빨리 와 보라는 것이었다.

아버지는 중풍으로 와병 중이셨다. 내가 고등학교 3학년 때이다. 늦은 밤 학교에서 돌아오니, 당신은 혼수상태에 있었다. 오전에 감기증세가 있어 동네 약국에서 지어온 약을 복용하고, 땀을 낸다고 하시다가 그만 뇌졸중이 왔다는 것이다. 햇수로 벌써 열다섯 해가 지났지만, 오른쪽 수족의 마비는 돌아오지 않았다. 지금은 천천히 지팡이에 의지해서 가벼운 산책을 할 수 있을 정도로 회복이 되었다. 재활운동을 하루도 거르지 않았고, 꼭 낫겠다는 집념과 강한 끈기가 있었기 때문이다.

두 돌도 채 안 된 어린아이를 옆집에 맡기고, 아내와 함께 급히 봉덕동으로 향했다. 도착해 보니 당신의 얼굴엔 핏기도 없고, 몸은 조금씩 굳어가는 중이었다. 곁에 계신 어머니의 눈가에 촉촉이 맺힌 구슬이 소리 없이 떨어지고 있었다. 팔다리를 주물러 드리면서 말씀 좀 해 보라고 하니, 겨우 눈을 뜨고 방안을 한번 둘러보고 띄엄띄엄 말하는 것이었다. “내가 몸이 굳어지고, 발음이 잘 안 된다.”라는 한마디였다. 그리고 다시 눈을 감았다.

Y 대학병원 응급실에 들어갈 때까지 의식만 조금 있을 뿐 말씀은 한마디도 못하였다. 나는 내가 아는 모든 신에게 기도했다. 머릿속이 하얗다. ‘제발 아버지의 몸을 돌봐주십시오.’ 라는 간절한 마음뿐이었다. 그날 저녁에 중환자실로 옮겨졌다. 산소 호흡기와 여러 가지 의료기구들이 몸에 끼워졌다. 조금 있던 의식도 꺼져가는 불꽃처럼 사그라지고, 무서운 정적과 침묵만이 병실을 감싸고 돌뿐이었다. 울음소리도 나지 않았다. 어머니와 동생들도 아무 말도 하지 않고 하염없이 눈물만 흘릴 뿐이었다.

십오 년 동안 고생만 하신 당신. 병마와 싸우면서 어떻게 해서라도 낫겠다는 투지와 신념 하나로 버텨온 아버지. 날만 새면 재활을 위해 지팡이에 의지해 한 걸음 한 걸음 운동하시던 모습이 눈물 속에 뿌옇게 떠오른다. 어머니의 얘기를 들어보니, 어제 오전 비산동에 어떤 신통한 침을 놓는 노인이 있다기에, 찾아 갔다 온 뒤로 그렇다는 것이다. 그 노인에게서 짧은 침이 아니라 아주 큰 대침으로 치료를 받고 오셨다고 한다. 어젯밤까지는 아무 일이 없었다. 새벽에 평소와 같이 마루에서 운동할 시간이 되었어도 방에서 나오지 않아, 방문을 열어보니 이 지경이 되었다고 설명을 해 주신다.

중학교 2학년 때였다. 공직에 계셨던 아버지의 과課 직원 가족여행을 경주로 간 일이 있었다. 엄한 시어머니를 모시는 어머니는 가지 못하고, 나와 첫째 동생만 동행을 하였다. 모처럼의 나들이에 가슴이 부풀었다. 불국사의 청운교 백운교 계단에서 기념사진도 찍으며 신나게 놀았다. 돌계단 비탈에서 동생이 미끄럼을 타다 당신께 꾸중을 들었던 일이 눈에 선하다. 부부가 같이 와서 다정하게 관광도 하고 여흥경기도 하는 동료들을 보고, "너희 엄마도 함께 왔으면 좋았을 텐데……."라고 말씀하시는 당신의 표정에서 어머니에 대한 사랑을 읽을 수 있었다. 돌아오는 차안, 좋아하시던 약주 몇 잔을 드시고 곤하게 주무시던 얼굴이 동영상의 한 장면처럼 겹쳐 지나간다.

TV 연속극을 보면 죽기 전에 유언을 하는 장면이 가끔 나온다. 임종하는 장면에 가족들이 모여 마지막 남기는 말을 듣는 모습이다. 유언의 내용과 떠나는 분의 마지막 표정에서 그 사람의 삶을 돌아보기도 한다. 하지만, 당신은 한마디도 하지 못하고 중환자실에서 지내다가 이승을 하직하였다. 오 남매의 장남인 나와 아직 출가하지 않은 동생들, 어머니에게 무슨 말인가 남기실 말이 많았을 텐데. 마음이 아프고 어지럽다. 분명히 남기고 싶은 말이 있었지만 하지 못하고 간 당신의 마음이 더 아팠을 것이다. 일주일 동안 산소 호흡기에 의지한 채 자욱한 가습기 물안개만 날리던 중환자실. 의사의 소견서엔 '급성 폐혈증으로 사망' 이라는 병명만 적혀 있었다.

당신이 가신 지 사반세기가 지났다. 그날 당신이 마지막 남긴 말을 떠올린다.

"내가 몸이 굳어지고, 발음이 잘 안 된다."

라는 말이. 그러나 난 당신의 진정한 유언을 다시 생각해본다. 그 마지막 말보다 평소에 우리들에게 늘 하시던 말씀이 가슴에서 새롭게 살아난다.

"열심히 노력하며 살고, 건강을 지켜라. 나는 건강에 실패했지만, 너희는 꼭 건강하게 살아야 한다. 건강을 잃으면 아무것도 없단다." 이 말이 유언이 아닐까 싶다.

문득 오늘의 나를 돌아본다. 어느덧 그때 당신이 살았던 세월의 정수리에 다가서 있다. 나는 평소에 내 아이들에게 어떤 말을 남기고 살아왔을까. 지금까지는 신의 보살핌으로 순리대로 살아왔고, 한 세월 큰 어려움 없이 지내왔다. 마음속으로는 굽어진 길도 동경했었고, 길 아닌 길도 이따금 기웃거렸다. 하지만, 세상과 타협할 줄도 몰랐고 본분만 지키고 묵묵히 버텨왔다. 다시 당신이 남긴 말이 가슴을 찌른다. "열심히 살고, 건강을 지켜라."라는 말이. 나도 내 아이들에게 이 말을 남기고 싶다. "건강하고, 분수를 지키고, 열심히 살아라."라고.

그분이 오셨다

심장이 덜컥거린다. 기다리지도 약속도 안 했지만, 아침 출근을 하자마자 다짜고짜 다가왔다. 한 해를 마무리할 때쯤이면 꼭 한 번쯤 만나곤 한다. 만나기 싫어 많이 조심을 했지만 연말을 넘기지 못하고 또 만난다. 어젯밤 내가 초대한 것일까?

어제는 야간 산행에 올랐다. 음력 열이틀이라 눈부신 달빛도 한 아름 안을 수 있지 않을까 하는 기대와, 지난 몇 주간 여러가지 사정으로 못 갔기에 차가운 날씨지만 출발을 했다. 직장 동료 대여섯 명이 시작한 '화요 야간 등산'은 햇수로 스무 해가 된다. 지금은 퇴직했지만, 그 당시 산에 미치다시피 한 L 선생님의 제안으로 시작한 모임이다. 매주 화요일 퇴근을 하고, 밤에 주로 대덕산을 오른다. 지금은 회원이 많이 줄어 창립회원 몇 명만 남아 늘 조촐한 등산이 된다.

고산골 입구 좌측 산비탈에 철없는 개나리들이 꽃을 피운다. 며칠 전 따뜻한 날씨로 봄이 온 줄 착각한 그들이 노란 눈을 뜬 모양이다. 자연은 삶을 순리대로 이끌려하지만, 이렇게 분별을 못하니 사람 운명도 알 수가 없다고 동료 한 분이 넋두리한다. 팍팍한 살림살이 때문은 아니겠지만, 자연이 질서를 어기는 이유를 정확히 가늠할 수가 없다.

빠르게 달려온 어둠이 먼저 자리 잡은 숲길은, 밝은 달빛에 떠밀려 소나무 그림자와 사람 그림자가 마주치는 신비하고 정겨운 분위기를 만든다. 올해는 비가 너무 안 와서 골짜기의 물소리를 들은 지도 몇 달이나 지났다. 약수터의 물길도 숨을 멈춘 지 오래다. 멀지 않아 우리도 물 부족 국가가 된다는 기사가 생각이 나서 가슴이 답답하다. 한 걸음씩 옮길 적마다 담배연기처럼 먼지가 올라온다. 천천히 숨을 몰아쉬지만 상쾌하다기보다 목이 따갑다.

허위허위 능선에 올라서니 소나무 가지 사이로 환하게 웃는 달이 마중을 나온다. 야간 산행에서 이렇게 밝은 달을 만나는 경우는 드물다. 화요일이 음력 보름 가까이 되는 날도 적고, 되더라도 그날 날씨가 흐릴 수 있기 때문이다. 한복을 곱게 차려입은 새색시가 아침 문안 와서 고개를 살짝 든 것처럼 황홀하다. 차갑게 뺨을 만지고 지나가던 바람도 잠시 떡갈나무 잎 사이로 숨는다. 계속 목이 좀 간질거려 보온병에 준비한 따뜻한 녹차로 다독인다.

정상 오르는 길은 소나무와 떡갈나무가 길옆으로 팔을 벌리고 호위하는 한 폭의 수묵화이다. 철 지난 억새들이 서걱대며 가는 한 해를 서러워하고, 분무기를 뿜은 듯 달빛에 젖은 산비탈은 허옇게 달아오른다. 동행한 K 선생님의 숨소리가 가빠진다. 굵은 모래와 부서진 작은 돌로 이어진 비탈은 조금만 방심하면 미끄러진다. 차분히 땅만 보고 무릎에 힘을 주어 한 걸음씩 오른다.

산을 오르는 것은 긴 인생의 축소판이다. 유유히 흐르는 강물 같은 평탄한 길이 있는가 하면 폭포 닮은 가파른 비탈길이 있고, 단풍으로 물든 아름다운 길을 지나면 너덜지대의 위태로운 길이 나타난다. 천천히 순리대로 여유를 가지고 올라야 큰 탈 없이 정상에 오를 수 있다. 촛대처럼 날카롭게 선 바위 옆에서 잠시 숨을 고른다. 오늘따라 시내의 야경이 더욱 신비하다. 가면무도회의 나비 안경 같은 신천대로의 불빛과, 멀리 또는 가까이 아파트 불빛의 잔치는 야간 산행이 아니면 즐길 수 없는 정취이다. 오늘같이 달빛이 휘영청한 날은, 나보다 그림자가 앞서서 길을 걷는다.

드디어 정상이다. 준비한 한 잔의 곡차 맛에 온 세상이 품에 다 들어온 듯하다. 평소에 잘 즐기지 않지만, 정상에서는 김 몇 장과 어울린 한 잔의 곡차는 마다하지 않는다. 살짝 취한 듯 콧소리가 나온다. 살면서 스트레스를 받지 않는 사람이 누가 있겠는가? 동료의 목소리가 높아진다. 세상 누구도 부럽지 않은 순간이다. 쌓이고 눌렸던 감정이 바람 따라 날려간다. 만만하지 않은 세상 얼마나 발버둥질하며 살아왔는가? 달빛에 젖은 야경이 흑백영화의 한 장면처럼 필름이 돈다.

둥글게 서서 느긋이 달빛과 곡차를 음미하던 동료가 신이 나서 노래 한 곡조 흥얼거린다. 조금 칼칼한 목이지만 나도 창 한 가락을 풀어놓는다. '세월아! 세월아! 가지를 말아라. 아까운 청춘들이 다 늙는다.' 절절이 이어지는 '사철가' 가사를 음미하다 보면 순간 처량해진다. 예전에는 무심코 부른 노래지만, 천천히 감상하다 보면 삶의 희로애락이 구절구절 녹아든다. 숙연한 분위기에 목이 약간 거북해도 계속 읊조린다.

다시 목이 뜨끔거린다. 이젠 콧물까지 조금씩 흐른다. 어제 야간 산행에서 밤바람을 많이 쐰 탓이다. 내내 조심했건만 올해도 그냥 넘어가지 않는가 보다. 나는 사실 한번 시작하면 좀 오래가고 남보다도 유별나게 치른다. 처음엔 목에서 조금 뜨끔뜨끔하다가 코로 내려와 콧물과 함께 불을 붙이고, 며칠 뒤에는 목소리까지 잦아들고 온몸에 오한이 드는 현상까지 이어진다.

갈수록 그의 힘은 강해진다. 전에는 알약 몇 번만 먹으면 달아나던 것이, 이젠 한줌의 알약을 며칠 먹어도 떠날 생각을 안 한다. 세월이 흐를수록 나는 약해지고 그는 강해진다. 몸만이 아니고 마음도 같다. 나이가 들수록 '하늘의 명을 안다.'(知天命)라고도 하고, 더 나아가면 '생각하는 것이 원만하여 어떤 일을 들으면 곧 이해가 된다.'(耳順)라고도 하지만, 난 전혀 그렇지 못하니 나만의 잘

못인가? 심신이 자꾸 움츠러든다.

그분이 오셨다. 반기지도 기다리지도 않던 그분이 왔다. 만나지 않으려고 발버둥쳤지만 의지와는 상관없이 불쑥 몸속으로 들어온다. 선택도 배척도 하지 못한 그와 부딪치면서 나를 돌아본다. 내년에는 절대 만나지 않으리라 다짐 하지만, 오늘도 그와 동거중이다.

분실 그 후

책상 위 진동으로 해 놓은 휴대전화가 물 묻은 삽살개 몸 털듯 부르르 떨린다. 바쁜 업무 중이라 힐끗 쳐다보고 그냥 꺼버렸다. 조금 있으니 또 한 번 더 떤다. 번호를 살짝 보니 부산에서 온 전화다. 다시 꺼 버렸다. 차 한 잔이 식을 무렵 또 강한 진동이 온다. 할 수 없이 전화를 받았다.

다급한 목소리의 주인은 부산에 사는 처형이다. 다짜고짜 빨리 수표분실신고를 하라고 한다. 며칠 전에 우리 집에 들렀다가 받아 간 수표를 잃어버렸다는 것이다. 사실 다음 달 있을 조카 결혼식 축의금으로 처형이 대구에 온 김에 아내가 먼저 건네 준 수표이다. 오늘 아침 집안 청소를 하면서 빈 봉투인 줄 알고 폐휴지와 함께 버렸다는 것이다. 간단히 신고만 하면 된다기에 알았다고 하고 전화를 끊었다.

잠시 머리가 혼란하다. 적은 돈도 아니고 그걸 모르고 버리다니,

생각하니 짜증이 난다. 그래도 어쩔 도리가 있나. 마침 점심때라 여유가 있어 부랴부랴 은행에 신고하러 갔다. 한참 기다려 상담을 하니 생각지도 못한 일이 생긴다. 단순히 신고만 하면 되는 줄 알았는데 몇 가지 절차를 거쳐야 하는가 보다. 수표분실신고를 하려면 소송보증금을 수표액의 30%를 예치하란다. 뭐가 이리 복잡한가 하면서도, 다른 방법이 없었다. 예치를 하고 나니 또 경찰서에 가서 분실신고접수증을 받아와야 한다고 한다. 뒷머리가 찌릿찌릿하다. 일이 이렇게 까다롭단 말인가.

슬며시 나던 짜증이 커진다. 내 잘못도 아닌데 이렇게 골치 아픈 일을 해야 한다니. 당사자가 조금만 신경을 더 썼으면 이런 일이 없을 텐데. 경찰서에 가서 해당 서류를 발급받아, 다시 법원에 가서 공시최고신청서를 접수해야만 한다고 말한다. 뒷덜미가 심하게 아파진다. 법무사를 통해 해결할 수도 있지만, 수수료가 비싸니까 직접 법원을 찾아가는 것이 좋다고 설명해준다. 은행과 거래를 하는 법무사에게 전화로 문의했다. 예상대로 경비가 만만찮다. 배보다 배꼽이 더 클 수도 있다. 내 일도 아닌데 여기서 그만둘까 하는 이기심도 들었다. 신경 쓰기 싫어하는 성격에다, 너무 복잡하고 까다롭기 때문이다.

커피 한 잔을 마시며 곰곰 생각을 해 보았다. 이 기회를 통해 내가 새로운 것을 배운다는 마음으로 처리하자. 수표분실사건을 해결하는 공부라고 생각하자. 이렇게 마음을 가지니 머리 아픈 것이 조금 사라진다. 이런 일이 다시 일어나서는 안 되겠지만, 배우고 공부한다는 마음으로 바꾸니 느낌이 달라진다. 법원에 가기 전에 대법원 홈페이지에 방문해서 공시최고신청서 양식을 내려 받았다. 예문을 참고삼아 작성하고, 퇴근길에 법원으로 향했다.

법원 직원의 친절한 도움으로 어렵지 않게 공시최고신청서를 접수했다. 이제 끝났구나! 생각하고 있었는데, 다시 은행에 가서 접수증을 제출하고 법원의 출두요청이 있으면 법원에 한 번 와야지 마무리된다고 설명한다. 어둠 속에서 집으로 돌아가는 길은 종일 신경을 쓴 탓인지 운전대를 잡은 손이 무겁다. 목덜미는 아직도 뜨끈하다. 내가 전혀 모르는 세계를 경험한다는 것이, 다른 처지의 상황에서 배운다는 것이 정말 어려운 일임을 절실히 느꼈다.

저녁을 먹고 소파에 앉아 오늘을 되짚어 보았다. 며칠간의 일이 하루에 일어난 것 같다. 사실 이런 일은 누구나 겪을 수 있는 일이다. 처음에는 짜증이 먼저 났다. 내 일이 아니고, 내가 잘못한 일이 아닌데 너무 신경을 써야 한다는 생각 때문이다. 그러나 잠시 각도를 달리 생각하니 그게 아니다. 누구나 언제라도 일어날 수 있는 일이다. 물론 당사자가 세세한 신경을 쓰면 일어나지 않았을 일은 분명하다. 짜증부터 먼저 낸 내가 부끄럽다. 새롭게 내 생활을 반성하게 한 사건이다. 아직 매듭은 짓지 못했지만, 이번 일로 많은 것을 돌아보게 한다. 난 왜 이렇게 이기심만 가지고 살고 있을까? 남도 아닌 환갑을 넘긴 처형의 일인데.

나이가 들면 기억력이나 조심성이 떨어지는 것은 어쩔 수가 없다. 그럴 적마다 서로 다독이며 살펴주고 살아가는 것이 필요하다. 이제까지 얼마나 잊거나 잃음으로 실수했는지 돌아본다. 나도 모르는 사이 남에게 불편을 끼친 적은 또 얼마인가. 자꾸만 얼굴이 화끈거린다. 머잖아 그 대열에 끼일 순서라고 희끗희끗한 귀밑머리가 부쩍 늘어난다.

오늘도 아침 출근시간에 잊고 준비하지 못한 책이 생각나서, 아차! 하고 머리를 친다.

문에 기대어 서 계신 어머니

대구의 동남쪽 날개부분엔 시민들의 휴식처로 이름난 수성못이 있다. 어린 시절의 추억이 살아 숨 쉬는 곳이다. 예전엔 충혼탑이 있었고, 초등학생 시절 어머니의 손을 잡고 소풍을 자주 왔었다. 검정치마와 흰 저고리를 입으신 어머니와, 수양버들이 드리워진 못 둑을 거닐던 기억이 아스라하다. 그땐 멋있게 늘어진 수양버들이 시민들의 사랑을 많이 받았는데, 언제부터인지 벚나무로 바뀌고 또 세월이 흘렀다. 지난 주부터 눈 비비던 벚꽃이 오늘은 활짝 피어 숨이 턱턱 막힌다.

휴일 저녁 내자와 어머니 댁에 병문안을 가게 되었다. 지난밤부터 구토와 빈혈증세로 누워 계신다는 연락을 받고 급히 핸들을 잡게 된 것이다. 봉덕동에 사는 어머니 댁에 가려면 자주 이 길을 지나간다. 서둘러 시장에 들러 평소 좋아하시는 먹을거리로 장을 보았다.

도로를 가득 메운 차량이 큰 주차장 같다. 느린 움직임에 마음만 급하고 거북이걸음이다. 못 둑으로 휘어진 길에는 사람들의 목소리가 꽃잎 수만큼 깔려서 얼굴마다 박꽃이 핀다. 그들처럼 즐겁게 봄꽃을 감상할 마음은커녕, 어머니의 상태가 어떤지 머릿속에 가득할 뿐이었다. 평소보다 곱절이나 시간이 걸렸다.

다행히 반갑게 맞아 주는 당신의 상태가 좋아 보였다. 마음이 많이 누그러졌다. 매주 한 번씩 찾아뵙지만 팔순을 바라보는 고령이라 나날의 형편을 가늠할 수가 없다. 몇 해 전엔 장시간에 걸친 허리 대수술까지 한 분이다. 가만히 당신의 얼굴을 쳐다보았다. 한평생 자식들 뒷바라지에 온 몸이 플라타너스 껍질처럼 다 벗겨졌다. 살며시 잡아본 손바닥은 자갈밭을 맨발로 밟는 듯 거칠다 못해 서걱서걱 소리가 난다. 눈물이 왈칵 쏟아지는 것을 슬며시 안경을 닦는다는 빌미로 눈을 돌린다.

"바쁜데 말라꼬 또 찾아 오노? 나는 이제 개안타. 걱정 안 해도 된다. 조금씩 밥도 묵고 산책도 할 수 있는기라. 자꾸 안 와도 된다."

"좀, 괜찮습니까? 같이 모시고 있으면 더 나을 텐데……."

"아이다, 내가 이렇게 따로 있는 게 더 편하다. 내 밥 내가 해 먹을 수 있는데, 뭐 하러 너그한테 신세를 지노? 그라고 한테 살면 서로가 마이 불편해서 안 된다."

지팡이 없이는 몇 걸음도 못 다니지만, 당신은 연방 걱정마라고 하신다. 언제나 상대방을 먼저 배려하고, 절약과 사랑으로 평생을 살아오신 어머니. 나직하고 잔잔한 음성에서 사랑이 느린 물결로 넘실댄다. 조금이라도 자식들에게 불편을 끼치지 않으려는 어머니의 마음에 우리는 몸 둘 바를 모른다. 그저 죄송한 마음뿐이다. 동생들 살아가는 근황이며, 아파트에 사시는 친구 분들의 소식으로 도란도란 이야기를 듣다보니 어느덧 돌아갈 시간이다.

"끼니 잘 챙겨 드시고, 시간 내서 조금씩 운동도 하고 잘 계시이소."

"그래, 그래. 내 걱정일랑 하지 말고 너그나 잘 해라. 애들도 잘 챙겨주고."

"그만 들어가세요, 어머니. 밤바람이 찹습니다."

"오냐, 오냐. 조심해 가거라."

반쯤 열린 문에 기대어 한참이나 바라보시던 어머니! 자식이 아파트 한쪽 모퉁이로 돌아가는 것을 보고야 비로소 돌아서는 어머니! 불편한 몸으로 아들 내외가 떠나는 모습을 눈에서 사라질 때까지 배웅하는 당신의 모습. 휘어진 소나무같이 굽은 몸으로 손을 흔들던 그 날의 사랑.

늦은 밤 베란다 창을 열고 하늘을 본다. 무수한 별들이 반짝이며 나를 내려다 본다. 그 중 가장 큰 별 하나가 유난히 밝게 비친다.

그 속에서 어머니의 모습이 겹쳐진다.

지금 나는 어머니의 마음을 십분의 일이라도 알고 살아가고 있을까? 먼 훗날 내가 당신의 나이가 되면 오늘의 마음을 조금이나 알게 될까. 저절로 흐르는 눈물 속에 어머니란 이름을 나지막하게 불러본다.

신형호수필집
별을 업은 男子

지은이 | 신형호
펴낸이 | 신중현

초판 1쇄 인쇄 | 2011년 10월 17일
초판 1쇄 발행 | 2011년 10월 20일

펴낸곳 | 도서출판 학이사
대구광역시 중구 국체보상로 101길 15(동산동)
053-554-3431~2
053-554-3433
http://www.학이사.kr
hes3431@naver.com

ⓒ 신형호,2011
ISBN 978-89-93280-33-3 03810

• 이 책에 실린 글은 저자의 허락 없이는 사용할 수 없습니다.
• 잘못된 책은 바꾸어 드립니다.
• 값은 뒤표지에 있습니다.

별을업은男子